골라 보는 재미 쏠쏠한 일본 생활 백서

YOUTUBE
호민상의
일본이야기

1

골라 보는 재미 쏠쏠한 일본 생활 백서

YOUTUBE
호민상의
일본이야기

1

*외국어는 공부가 아니라 다른 세상과의 만남입니다. Raspberry 라즈 베리

芸は身を助ける
(げい) (み) (たす)
취미로 배운 예능이 뜻하지 않을 때 도움이 된다

일본이야기라는 이름으로 일본에 대한 유튜브 영상을 만든 지 4년이라는 시간이 지났습니다. 처음엔 그저 영상 편집이 재미있어서 이것저것 만들어보다 저의 10년 간의 일본생활을 바탕으로 일본을 소개하는 영상을 만들기 시작했고, 지금 이 글을 쓰는 시점에는 500개 정도의 일본 관련 영상이 나와 있습니다.

단순한 취미 수준에서 시작했던 영상 제작이었지만 일본이야기를 통해 정말 많은 경험을 했습니다. 일본취업 관련 강연회에 초대되어 많은 사람 앞에서 강연하기도 하고, 일본 NHK에 출연하기도 했으며, 일본 관련 유튜버들과 만나기도 하고, 지금 까지의 영상을 정리해서 이렇게 책을 낼 기회도 얻게 되었습니다. 아마 유튜브를 시작하지 않았다면 이런 새로운 경험은 해볼 수 없었겠지요.

어찌 보면 4년 동안 500개 정도의 영상을 만드는 작업이 많다고 볼 수도 있고, 적다 고 볼 수도 있겠지만, 결코 쉬운 일은 아니었습니다. 어떤 영상을 만들지에 대한 구상은 물론 촬영, 편집까지 정말 시간을 많이 들였고 중간중간 지칠 때도 많았습니다. 하지만 일본이야기를 봐주시는 시청자들의 댓글 하나하나에 다시 힘을 얻었습니다. 일본이야기를 통해서 일본유학이나 취업에 성공했다며 고맙다는 메일을 보내주시기라도 하면 말로 표현할 수 없는 보람을 느끼기도 했습니다.

누군가를 위해서 영상을 만들어온 건 아니지만 제 영상이 생각보다 많은 분들에게 영향을 끼칠 수도 있다는 생각에 요즘은 조금씩 책임감도 느낍니다. 일본이라는 나라는 한국과 가까운 나라이고 비슷한 점도 많지만 의외로 다른 부분도 많아서 한국인들이 일본에 대해서 잘못 이해하거나 오해를 하는 경우가 더러 있습니다.
저는 일본인도, 일본을 대표하는 사람도, 일본에서 평생 살아온 사람도 아닙니다.
하지만 저의 소소한 경험담을 담은 일본이야기가 한국인들이 일본이라는 나라를 좀더 이해하고 일본인과 어울리며 일본어를 공부하거나 일본유학이나 일본취업을 준비하는 데 있어서 조금이나마 도움이 되었으면 좋겠습니다.

일본이야기 유튜버 박호민

● 만들면서

이 책은 유튜브 호민상의 일본이야기를 바탕으로 만들어졌습니다.

유튜브 일본이야기

유튜브로 생생한 일본 시각 여행

문장 속에서는

배운 말들이 실제 어떻게 쓰이는지 빼꼼 읽어 보기

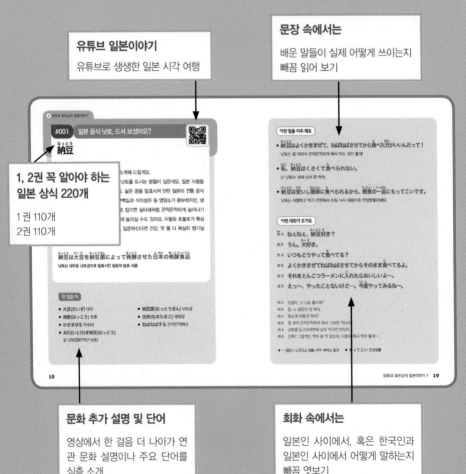

1, 2권 꼭 알아야 하는 일본 상식 220개

1권 110개
2권 110개

문화 추가 설명 및 단어

영상에서 한 걸음 더 나아가 연관 문화 설명이나 주요 단어를 심층 소개

회화 속에서는

일본인 사이에서, 혹은 한국인과 일본인 사이에서 어떻게 말하는지 빼꼼 엿보기

일본어 배우면 이런 말 꼭 한다!
일본 유학 가면 이런 말 꼭 듣는다!
일본 친구 만나면 이런 대화 꼭 나눈다!

책

궁금할 때마다
영상을 보다가 궁금할 때
MP3로 회화를 듣다가 안 들릴 때

영상

심심할 때마다
YOUTUBE에서 일본이야기를 검색
호민상의 일본이야기 영상을 통해
일본 유학을 간접 경험

MP3

시간이 날 때마다
홈페이지(www.raspberrybooks.co.kr)에서
MP3 다운로드
많이 듣고 많이 말하기

 찾아보면서

10

#001　일본 음식 낫토, 드셔 보셨어요?

なっとう
納豆

 ……
　일본 음식 納豆_{낫토}에 대해 소개해 드릴게요.

요즘에는 한국에서도 건강에 좋은 낫토를 드시는 분들이 많은데요. 일본 사람들이 주로 아침 식사로 먹는 음식이죠. 삶은 콩을 발효시켜 만든 일본의 전통 음식으로 한국의 청국장과 비슷해요. 단백질과 식이섬유 등 영양소가 풍부하지만, 냄새가 좀 독한 편인 데다 젓가락으로 집으면 실타래처럼 끈적끈적하게 늘어나기 때문에 처음 드시는 분들은 비주얼에 놀라실 수도 있어요. 이렇듯 호불호가 확실한 음식이지만 일단 낫토의 세계로 입문하신다면 건강, 맛 둘 다 확실히 챙기실 수 있을 거예요.

納豆は大豆を納豆菌によって発酵させた日本の発酵食品

낫토는 대두를 낫토균으로 발효시킨 일본의 발효 식품

한걸음 더

- **大豆(だいず)** 대두
- **発酵(はっこう)** 발효
- **かきまぜる** 뒤섞다
- **糸引(いとひ)き納豆(なっとう)**
  실 낫토(일반적인 낫토)
- **納豆菌(なっとうきん)** 낫토균
- **生卵(なまたまご)** 생달걀
- **ねばねばする** 끈적끈적하다

● 納豆はよくかきまぜて、ねばねばさせてから食べた方がいいんだって！

낫토는 잘 저어서 끈적끈적하게 해서 먹는 것이 좋대!

● 私、納豆はくさくて食べられない。

난 낫토는 냄새 나서 못 먹어.

● 納豆は安いし簡単に食べられるから、朝食の一品にもってこいです。

낫토는 저렴하고 먹기 간편해서 아침 식사 대용으로 안성맞춤이에요.

이런 대화가 오가요

女A ねぇねぇ、納豆好き？

女B うん。大好き。

女A いつもどうやって食べてる？

女B よくかきまぜてねばねばさせてからそのまま食べてるよ。

女A それをとんこつラーメンに入れたらおいしいよ～。

女B えっ～、やったことないけど…。今度やってみるね～。

여 A 있잖아, 너 낫토 좋아해?

여 B 응. 나 굉장히 잘 먹어.

여 A 평소에 어떻게 먹어?

여 B 잘 섞어 끈적끈적하게 해서 그대로 먹는데.

여 A 낫토를 돈고츠라면에 넣어 먹으면 맛있어.

여 B 진짜? 그렇게는 먹어 본 적 없는데, 다음에 해서 먹어 볼게～.

● 一品(いっぴん) 일품. 아주 뛰어난 물건 ● もってこい 안성맞춤

#002 **한국인이 틀리기 쉬운 일본어 1탄!**

シャワーを浴びる

일본어는 문법과 어순이 한국어와 비슷해서 한국 사람들이 일본어를 공부할 때 다른 언어보다 분명 유리해요. 하지만 일본어 역시 엄연한 외국어라는 사실을 잊지 마세요. 두 언어의 닮은 듯 다른 요소들이 곳곳에 있을 수 있으니 너무 쉽다고만 생각하지 말고 확실히 공부해 두세요.

샤워를 하다	**シャワーをする**	x
	シャワーを浴びる	o

한국어로 샤워를 '하다'라고 표현하다 보니 일본어로도 **する**스루라는 동사를 쓸 것 같지 않나요? 정확한 일본어 표현은 **浴びる**아비루라는 동사를 써야 해요. 물론 가볍게 씻는다는 뜻으로 **シャワーをする**샤와-오 스루라는 표현을 쓰기도 해요. 다만 우리가 흔히 말하는 거품을 내며 샤워를 하는 동작을 표현하고 싶다면 반드시 **シャワーを浴びる**샤와-오 아비루라고 해야겠죠.

한걸음 더

お風呂に入る

'목욕을 하다'라는 표현도 언뜻 する라는 동사를 쓸 것 같은데, お風呂に入る라고 표현해요. 우리말로는 '하다'로 뭉뚱그려지긴 해도 일본어는 각각에 해당되는 동사 표현이 있을 수 있다는 점에 유의하세요.

• 運動して汗をかいたので、シャワーを浴びた。

운동하고 땀이 나서 샤워를 했다.

• うちのお風呂にはシャワーがないから不便だ。

우리 집 욕실은 샤워기가 없어 불편하다.

• シャワーを浴びてから湯船につかる。

샤워를 하고 나서 탕목욕을 한다.

夫　ただいま〜。

妻　お帰りなさい。食事にする？お風呂にする？

夫　そうだな〜。お風呂先にしようかな〜。

妻　じゃ、すぐお湯入れるね。

夫　いいよ、いいよ。今日は軽くシャワー浴びるだけにするよ。

남편　다녀왔어.

아내　왔어요. 밥부터 먹을 거야? 목욕부터 할 거야?

남편　글쎄, 목욕을 먼저 할까.

아내　그럼 바로 목욕물 받을게.

남편　아니 괜찮아. 오늘은 가볍게 샤워만 해야겠어.

• 汗(あせ)をかく 땀을 흘리다

• 湯船(ゆぶね) 욕조

• つかる 몸을 담그다

#003 초밥, 알고 먹으면 더 맛있어요!

寿司
すし

일본 음식 중 가장 대표적이라고 할 수 있는 寿司스시에 대해 소개해 드릴 게요. 초밥은 전 세계적으로 가장 널리 알려진 일본 음식이 아닐까 싶은데요. 우리는 초밥 하면 밥 위에 생선이 올려진 握り寿司니기리즈시를 주로 떠올려요. 니기리즈시 말고도 초밥의 종류는 무척 다양한데 말이죠.

巻き寿司 마키즈시
한국의 김밥처럼 김 안에 재료를 넣고 둘둘 말아서 만든 초밥(김초밥)

ちらし寿司 치라시즈시
밥 위에 여러 가지 재료를 뿌려서 만드는 초밥

いなり寿司 이나리즈시
유부 안에 밥을 채워 만든 초밥(유부초밥)

押し寿司 오시즈시
틀 안에 재료를 넣고 꾹 눌러서 만든 초밥

한걸음 더

- 回転寿司(かいてんずし) 회전초밥
- 握(にぎ)る 잡다, 쥐다
- 巻(ま)く 감다, 말다, 싸다
- 散(ち)らす 흩뜨리다, 어지르다, 분산시키다
- 押(お)す 밀다, 누르다

- 好きなネタを入れてクルクルとまくだけで簡単に作れる手巻き寿司は子供の誕生日会など人が集まるパーティーでよく作る。

좋아하는 재료를 넣고 돌돌 말아 간단하게 만들 수 있는 김초밥은 아이들의 생일 파티 등 사람들이 많이 모이는 모임의 단골 메뉴다.

母　今日の夕飯何にする？

息子　僕、お寿司食べたい！

母　お寿司？ 回転寿司？

息子　え〜！いつも回転寿司ばっかり、たまには豪勢にお寿司の出前でもとろうよ。

母　え〜 高いよ〜。お給料前でお金もないのに〜。

息子　そんなこと言わないで、梅でいいからさ〜。

母　無理無理。じゃ、今日は梅の手巻き寿司に決まり。

息子　え〜。そんなのないよ〜。

엄마　오늘 저녁 뭐 먹을래?

아들　나 초밥 먹고 싶어요!

엄마　초밥? 회전초밥 말이야?

아들　에이, 맨날 회전초밥만! 간만에 사치 좀 부려서 초밥 배달해 먹게요.

엄마　어머나, 얼마나 비싼데. 월급 전이라 돈도 없어, 얘.

아들　그러지 말고, 싼 걸로 우메(梅)라도 시키게요.

엄마　안 돼, 안 돼. 오늘 저녁은 그냥 우메(매실) 김초밥으로 결정!

아들　에이~, 그런 게 어딨어요!!

- ネタ 재료, 원료　● クルクル 둘둘　● 豪勢(ごうせい) 광장함, 호사스러움　● 出前(でまえ) 배달

#004 일본에서 4월이란?

四月物語と消費税
<small>し がつものがたり　しょう ひ ぜい</small>

＜……＞
　일본에서는 4월에 새학기가 시작되고 신입 사원도 첫 출근을 해요. 우리의 3월처럼 일본인들에게 4월이란 모든 것들이 새롭게 시작되는 설레고 의미 있는 시기죠. 예전에 이와이 슌지 감독의 《四月物語》<small>しがつものがたり</small>4월 이야기라는 영화를 본 적이 있었는데요, 영화 속에 담긴 4월의 분위기가 아직도 제게는 인상 깊게 남아 있어요. 대학 신입생이 된 주인공이 홀로서기를 하는 과정을 잔잔하게 담고 있는 영화에서는 첫 학기, 첫 이웃, 첫사랑…, 모든 것이 새롭기만 한 4월을 주제로 하고 있어요. 일본의 4월 분위기를 아주 잘 담아 낸 영화로 꼭 추천하고 싶네요.

또 하나의 주제는 일본의 소비세예요. 일본에서는 물건을 구입할 때 소비세가 붙죠. 2014년 8월 소비세가 5퍼센트에서 8퍼센트로 인상이 되었는데요. 즉 100엔짜리 물건을 사면 소비세 8퍼센트가 더해져 108엔을 지불해야 합니다. 일본에서 물건을 살 때는 세금이 포함되어 있는 税込み<small>ぜい こ</small>제이코미인지 세금이 포함되어 있지 않은 税抜き<small>ぜい ぬ</small>제이누키인지를 잘 살펴보고 구입하세요. 표시되어 있는 가격으로 물건을 사다 보면 세금 별도인 경우도 종종 있어 괜히 물건값을 더 내는 기분이 들거든요.

한걸음 더

- 新入社員(しんにゅうしゃいん) 신입 사원
- 新学期(しんがっき) 새학기
- 二日酔(ふつかよ)い 숙취
- 岩井俊二(いわいしゅんじ) 이와이 슌지
- 新卒(しんそつ) (그 해의) 새 졸업생
- 歓迎会(かんげいかい) 환영회
- 四月物語(しがつものがたり) 4월 이야기
- 監督(かんとく) 감독

● もうすぐ新学期が始まる。

곧 있으면 새학기가 시작된다.

● 入学式の記念に満開の桜の木の下で父と母と僕は写真を撮った。

입학식 기념으로 활짝 핀 벚나무 아래서 부모님과 함께 사진을 찍었다.

娘 ねえ、みて。かわいい。ピカピカの1年生だね。

母 ほんと！新品のランドセルしょってる。

娘 しょってるっちゅうか背負われてる? ランドセル大きすぎて。

母 なつかしいな～。あんたにもあんな頃があったんだよね。

かわいかったなー。

娘 かわいかったって何よ。今だってかわいいでしょ?

母 はいはい。かわいい！かわいい！

딸 엄마, 저기 좀 봐. 귀엽다. 초롱초롱한 1학년 애들이야.

엄마 정말! 새 책가방 메고 가네.

딸 가방을 메고 가는 게 아니라 가방이 쟤들을 메고 가네. 책가방이 너무 커서.

엄마 옛날 생각 난다. 너도 저런 때가 있었는데 말야. 얼마나 귀여웠는데.

딸 귀여웠는데가 뭐야, 엄마. 지금도 이렇게 귀엽잖아!

엄마 그래, 그래. 귀여워, 엄청 귀여워!

● ピカピカ 반짝반짝 ● 新品(しんぴん) 신품 ● ランドセル 란도셀(등에 메는 초등학생용 책가방)

● なつかしい 그립다 ● 背負(せお)う、背負(しょ)う 짊어지다. 등에 메다

#005 일본의 덮밥 문화 속에 흠뻑 빠져 보세요!

^{どんぶり}
丼

일본에는 소고기덮밥을 파는 규동 가게가 아주 많아요. 그 중에서 대표적인 곳이 **すき家**스키야, **松屋**마츠야, **吉野家**요시노야예요. 저렴한 가격에 맛도 있고 간편하게 먹을 수 있는 **牛丼**규동은 주머니 가벼운 이들에게 인기 메뉴죠.

일본 음식 중에서 **丼**동이라는 단어가 들어가 있으면 덮밥이라는 뜻이에요. 규동은 글자 그대로 소고기덮밥이죠. 튀김이 올려져 있으면 **天丼**텐동, 장어가 올려져 있으면 **うな丼**우나동, 닭고기와 달걀이 올려져 있으면 **親子丼**오야코동, 해산물이 올려져 있으면 **海鮮丼**카이센동이라고 해요.

한걸음 더

- 丼物(どんぶりもの) 덮밥류
- 丼(どんぶり) 덮밥
- ～丼(どん) ～덮밥
- 丼鉢(どんぶりばち) 덮밥 그릇
- 並盛(なみもり) 보통 사이즈
- 大盛(おおもり) 곱배기
- 七味唐辛子(しちみとうがらし) 고추가 주재료인 향신료를 섞은 일본의 조미료, 줄여서 七味(しちみ)라고 함

- 丼料理の中で一番人気があるのはやっぱりカツ丼です。

  덮밥 요리 중에 가장 인기 있는 음식은 역시 돈가스덮밥이죠.

- 海の幸がたくさんのった海鮮丼が僕は一番好きだ。

  나는 해산물이 많이 올라간 해산물덮밥을 가장 좋아해.

女A もうお昼の時間だよ。

女B ほんとだ！

女A 今日のお昼どうする?

女B 今日は忙しいから牛丼にでもする?

女A そうね。待たずに済むし。じゃ、決まり。

여A 벌써 점심 시간이야.

여B 정말이네!

여A 오늘 점심은 뭐 먹을 거야?

여B 오늘은 시간 없으니까 소고기덮밥이나 먹을까?

여A 그래. 안 기다려도 되고. 그럼. 결정한 거야.

- 海(うみ)の幸(さち) 바다에서 나는 것(해산물)
- お昼(ひる) 점심
- 済(す)む 끝나다

#006 진한 국물의 일본 라면 한 그릇 어때요?

日本のラーメン
にほん

한국에서는 인스턴트 라면을 선호하지만, 일본의 경우 라면은 돼지뼈나 생선 등으로 우려낸 국물에 면을 넣고 다양한 토핑을 올려서 먹는 본격적인 요리 중 하나예요. 일본 라면은 지역마다 가게마다 종류가 무척 다양해서 라면 전문 잡지가 있을 정도랍니다. 한국 라면이 매콤하고 얼큰한 맛이라면 일본 라면은 돼지뼈 등으로 국물을 우려내어 만들다 보니 한국의 설렁탕이나 돼지국밥 비슷한 맛이 나요.

한걸음 더

대표적인 라면의 종류
- 醬油(しょうゆ)ラーメン 쇼유라면(간장라면)
- 塩(しお)ラーメン 시오라면(소금라면)
- 味噌(みそ)ラーメン 미소라면(된장라면)
- 豚骨(とんこつ)ラーメン 돈코츠라면(돼지뼈로 국물을 우려낸 라면)
- 豚骨醬油(とんこつしょうゆ)ラーメン 돈코츠 쇼유라면(돼지뼈 간장라면)
- 魚介(ぎょかい)ラーメン 교카이라면(생선으로 국물을 우려낸 라면)
- つけ麺(めん) 츠케면(라면의 면을 국물에 찍어 먹는 라면)

대표적인 라면 토핑의 종류
- チャーシュー 고기를 육수와 함께 삶아 얇게 썰은 것
- メンマ、しなちく 죽순을 유산 발효시킨 것
- ネギ 파　　　　● もやし 숙주　　　　● キャベツ 양배추
- のり 김　　　　● にんにく 마늘

● ラーメン好きの私は、全国各地の有名なラーメンの食べ歩きをして
います。

저는 라면을 무척 좋아해서, 전국 각지의 유명한 라면을 찾아다니며 먹어 보고 있어요.

● 行列のできるラーメン屋と聞いたらつい行ってみたくなる。

사람들이 줄 서서 먹는 라면집 얘기를 들으면 무조건 가 보고 싶어진다.

店員　いらっしゃいませー。
お客　味噌ラーメン一つ。
店員　はい、味噌ラーメン一つですね。味噌一丁。
お客　あ、ギョーザも一つ。
店員　ギョーザ、一つ追加。

- -

店員　おまたせいたしました。
お客　わ〜 おいしそー。

점원　어서 오세요.
손님　미소라면 하나 주세요.
점원　네, 미소라면이요. 여기 미소 하나!
손님　아, 만두도 하나 주세요.
점원　만두 하나 추가요.

- -

점원　오래 기다리셨습니다.
손님　와〜 맛있겠네!

● 食(た)べ歩(ある)き 맛있는 음식을 찾아 여기저기 돌아다니며 먹음
● 一丁(いっちょう) 한 그릇

#007 우리나라와 다르게 말하는 할인과 신발 사이즈!

割引や靴のサイズ
わりびき　くつ

> ‥‥‥
> 늦은 시간 일본의 슈퍼마켓에 가면 그날그날 처분해야 할 상품들을 할인 판매하는 걸 볼 수 있는데요. 10~20퍼센트를 할인하거나 경우에 따라서는 반값 할인도 하지요.
>
> 일본에서는 할인을 말할 때 **2割引**니와리비키, **3割引**상와리비키 등으로 표시하는데 이건 2퍼센트, 3퍼센트 할인을 뜻하는 게 아니라 20퍼센트, 30퍼센트 할인이라는 말이에요.
>
> 또 한국과는 다른 방식으로 쓰는 숫자 표현이 있는데, 바로 신발 사이즈예요. 265, 270 이렇게 밀리미터로 나타내는 한국과 달리 일본은 **26.5(にじゅうろくてんご)**니쥬-로쿠텡고, **27(にじゅうなな)**니쥬-나나라고 센티미터로 나타낸다는 것도 꼭 기억해 두세요.

割引(わりびき) 할인　**半額(はんがく)** 반값
2割引(にわりびき) 20퍼센트 할인 (◀ 2퍼센트가 아니라 20퍼센트입니다!)

한 걸음 더

일상생활에서도 퍼센트(%)보다는 割를 자주 써요.
わり

● **割方(わりかた)** 비교적
　- 割方面白かった。비교적 재미있었다.
　わりかたおもしろ

● **八割方(はちわりがた)** 대부분
　- 八割方合っている。대부분 맞다.
　はちわりがた

● **割高(わりだか)** 품질에 비해 값이 비쌈

● **割安(わりやす)** 품질에 비해 값이 쌈

• ウチの母は、近くのスーパーのおかずが、夕方７時になると３割〜５割引になるので、いつもそれに合わせて買い物に行く。

집 근처 슈퍼에서는 저녁 7시면 30~50퍼센트 반찬 할인이 들어가니까, 엄마는 항상 그 시간에 맞춰 장을 보러 가신다.

• 私の足のサイズは２２.５だから小さすぎてあまり売ってないので、靴を買う時いつも困る。

내 발 사이즈가 225밀리미터로 너무 작아서 시중에 맞는 신발이 없다 보니 신발을 살 때 곤란하다.

女A ねー この服いいね。

女B ほんと、かわいいじゃん。しかも３割引だって。

女A あ、こっちは半額セールしてる。

女B かわいいのある?

女A うーん、イマイチかな…。今日はこの服だけ買っとこうっと!

女B そうだね。それは掘り出し物だったね。

여 A   어때, 이 옷 예쁘지?
여 B   정말 예쁘다. 게다가 30퍼센트 할인이라는데~.
여 A   어머, 여긴 반값 세일이야.
여 B   예쁜 거 있어?
여 A   음, 그냥 그렇다. 오늘은 이 옷만 사는 걸로 해야겠다.
여 B   그래. 그 옷 정말 운 좋게 득템한 거 같아.

• おかず 반찬 • ラッキー 러키, 행운 • イマイチ 조금 모자라는 모양
• 掘(ほ)り出(だ)し物(もの) 의외로 싸게 산 물건

#008 일본의 와리깡 문화는 합리적인가, 인정이 없는 것인가?

割り勘
わ　かん

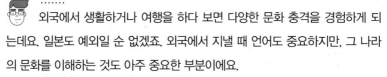

외국에서 생활하거나 여행을 하다 보면 다양한 문화 충격을 경험하게 되는데요. 일본도 예외일 순 없겠죠. 외국에서 지낼 때 언어도 중요하지만, 그 나라의 문화를 이해하는 것도 아주 중요한 부분이에요.

일본의 **割り勘** 와리깡은 한국 사람들이 일본의 문화 중에서 적응하기 힘들어 하는 부분이에요. 여럿이 모였을 때 일본 사람들은 각자 잔돈까지 나눠 계산하죠. 또 그 모습이 자연스럽고요. 이런 상황을 돕는 핸드폰 어플까지 등장했을 정도니, 분위기를 대충 짐작하시겠죠.

물론 일본에서도 경우에 따라 선배나 연장자, 데이트 커플 중 한 사람이 계산하기도 해요. 항상 와리깡만 하는 건 아니랍니다. '한턱내다'라는 뜻의 **おごる** 오고루 라는 단어가 분명 존재하니까요~.

한걸음 더

- **割(わ)り勘(かん)** 더치페이
- **ケチ** 인색함
- **～ずつ** ～씩
- **キリがいい** 끊기가 좋다
- **折半(せっぱん)** 절반
- **つけ** 외상
- **頭割(あたまわ)り** 머릿수대로 나눔

- **奢(おご)る** 한턱내다
- **会計(かいけい)** 계산
- **一人当(ひとりあ)たり** 한 사람당
- **キリが悪(わる)い** 끊기가 나쁘다
- **自腹(じばら)を切(き)る** 자기 주머니를 털다
- **踏(ふ)み倒(たお)す** (대금 빚을) 떼어먹다
- **どんぶり勘定(かんじょう)** 주먹구구식

- はじめてのデートで彼に食事代を割り勘って言われて、ちょっとそれはないでしょう〜と思った。

  첫 데이트에서 그 사람에게 식사비는 각자계산이라는 말을 듣고 그건 좀 아니지 않나 하는 생각이 들었다.

- いつもは怖い先輩が、今日は仕事が上手くいったからと帰りに牛丼を奢ってくれた。

  평소 그렇게 무섭던 선배가 오늘 일이 잘 끝났다며 퇴근 길에 소고기덮밥을 사 주었다.

女A おいしかったね〜。

女B ほんと、おなかいっぱい。

女A そろそろ帰ろうか?

女B うん。お会計いくらになった?

女A えーっと、3,000円だって。

女B じゃ、1,500円ずつで、ちょうどキリがいいね。

여A 맛있었지?

여B 응, 아주 배부르게 잘 먹었어.

여A 이제 일어날까?

여B 그러자. 얼마 나왔어?

여A 어디, 3,000엔 나왔네.

여B 그럼 1,500엔씩이면 되겠다. 딱 맞게 떨어져 다행이야.

#009　사랑니를 일본어로 뭐라고 하지?

親知らず
おや し

．．．．．．．
일상생활에서 자주 쓰지만, 의외로 잘 모르는 표현들이 제법 많아요.

날마다 몇 번씩 하는 양치질, 일본어로 양치질은 뭐라고 할까요.

歯磨き하미가키라고 해요. **歯を磨く**하오 미가쿠, 즉 이를 닦거나 윤을 낸다는 표현에
は みが　　　　　　　　　　　　　　　は　みが

서 나온 말이니 쉽게 유추할 수 있는 단어 중 하나일 거예요.

그렇다면 사랑니는 뭘까요?

사랑니라고 하니 **恋**코이나 **愛**아이가 들어가는 말이라고 생각할지도 모르겠네요.
　　　　　　　　　こい　　　あい

사랑니는 **親知らず**오야시라즈라고 해요. 사랑니가 그렇잖아요. 나는 사람도 있고,
　　　　　おや し

안 나는 사람도 있고, 언제 날지도 모르는 게 바로 사랑니잖아요. 부모도 모르게

나는 이라고 해서 이렇게 부른답니다.

한 걸음 더

- **親知(おやし)らず** 사랑니
- **歯磨(はみが)き** 양치질
- **前歯(まえば)** 앞니
- **乳歯(にゅうし)** 유치
- **歯茎(はぐき)** 잇몸
- **磨(みが)く** 닦다, 윤을 내다, 깨끗이 하다
- **歯磨(はみが)き粉(こ)** 치약

- **生(は)える** 나다
- **歯(は)** 이
- **奥歯(おくば)** 어금니
- **永久歯(えいきゅうし)** 영구치
- **八重歯(やえば), 鬼歯(おにば)** 덧니
- **歯(は)ブラシ** 칫솔
- **虫歯(むしば)** 충치

- 親知らずは、生える人もいるし生えない人もいるんだよ。

  사랑니는 나는 사람도 있고, 안 나는 사람도 있어.

- 他の歯が押されて、歯並びが悪くなってしまったりする。

  다른 치아가 눌려서 치열이 나빠지기도 한다.

- 親知らずって口臭の原因にもなるんだって。

  사랑니는 입냄새의 원인이 되기도 한대.

이런 대화가 오가요

女A どうしたの、どこか具合でも悪いの？

女B うん。奥歯がウズウズするの。

女A それ、親知らずのせいじゃない？ 一度、歯医者で見てもらったら？

女B 親知らず？ まさか…。

女A 親知らず、ほっとくと歯並びが悪くなるよ。早く抜いちゃったら？

女B えっ、そうなの。でもちょっと怖いなぁ…。

여 A 왜 그래, 어디 안 좋아?

여 B 응. 어금니가 쿡쿡 쑤셔.

여 A 그거 사랑니 때문 아냐? 치과 가서 진찰 한 번 받아 보는 게 어때?

여 B 사랑니? 설마!

여 A 사랑니 방치해 두면 치열이 나빠져. 얼른 발치하는 게 좋을걸.

여 B 어머, 그래? 그치만 좀 무서운데….

- 具合(ぐあい) 형편, 상태
- 歯並(はなら)び 치열
- ウズウズ 근질근질(좀이 쑤시는 모양)
- ほっとく 버려두다

#010 빵빵 경적 소리는 아주 위험할 때만!

日本の自動車
にほん じどうしゃ

.... 일본에서는 자동차운전학원 강습료가 비싼 편이에요. 아무리 저렴하다고 해도 한국 돈으로 200만 원을 훌쩍 넘죠. 일본에서 운전을 하실 계획이라면 한국에서 운전면허를 딴 후 일본에서 일본면허로 변경해서 사용하시는 게 좋아요. 잠깐 동안의 여행이라면 국제면허만으로도 충분하겠죠.

1. 한국과 일본은 차선이 반대!
일본은 한국과 차선, 운전석이 반대예요. 다른 사람 차에 탈 때 무심결에 운전석 문을 열 수도 있으니 주의하시길~.

2. 자동차 경적 소리는 정말 위험할 때만!
일본에서는 앞차가 천천히 가거나, 끼어들기 한다고 해서 빵빵 울리지 않아요. 운전교습소에서부터 자동차 경적은 정말 위험한 상황에서만 사용하는 거라고 철저히 교육받는다고 하네요.

3. 급할 것 없는 버스!
일본에서 버스를 타 보면 한국 버스보다 굉장히 천천히 달린다는 느낌을 받으실 거예요. 운전기사님이 마이크로 '좌회전합니다!' '우회전을 크게 합니다!' 등등, 친절하게 안내 방송도 해 주세요.

4. 택시는 자동문!
일본의 택시는 한국과는 달리 탈 때나 내릴 때 문을 직접 여닫을 필요 없는 자동문이에요.

한걸음 더

- **自動車(じどうしゃ)、車(くるま)** 자동차, 차
- **運転免許(うんてんめんきょ)** 운전면허 ● **国際免許(こくさいめんきょ)** 국제면허
- **ペーパードライバー** 장롱면허 ● **安全運転(あんぜんうんてん)** 안전 운전

● 日本は韓国と違って右ハンドルだから気をつけてね。

일본은 한국과 달리 운전대가 오른쪽이니까 조심해.

● やたらとクラクションを鳴らすのはマナー違反だよ。

함부로 경적을 울리는 건 매너가 아니야.

● タクシーは自動ドアだから、ドアを閉める必要ないからね。

택시는 자동문이니까 문을 닫지 않아도 돼.

男A　なんでもっとスピードを出さないんだよ。

男B　ここは、制限速度６０キロだからね。

男A　ああ、じれったいな。道も空いてるんだから、大丈夫だよ。

男B　あそこの看板見てみろよ。

男A　どれどれ。「命落とすな、スピード落とせ」

　　　もう、まいったな。

남A　왜 좀 더 속도를 안 내는 거야?
남B　여긴 제한속도 60킬로라니까.
남A　아, 답답해. 길도 안 막히는데 괜찮잖아.
남B　저기 저 표지판 좀 봐.
남A　어디?「목숨을 잃지 말고 속도를 떨어뜨려라」
　　　이런, 졌네 졌어!

● やたらと 함부로, 무턱대고　　　● 鳴(な)らす 울리다. 소리를 내다

● 閉(し)める 닫다　　　● スピードを出(だ)す 속도를 내다

● じれったい 안타깝다. 속이 상하다　　　● まいった 졌다

#011 일본 전철 타고 도쿄 나들이 같이 가요~

日本の地下鉄
にほん ち か てつ

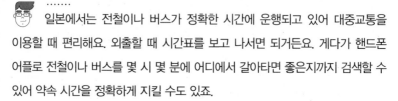

일본에서는 전철이나 버스가 정확한 시간에 운행되고 있어 대중교통을 이용할 때 편리해요. 외출할 때 시간표를 보고 나서면 되거든요. 게다가 핸드폰 어플로 전철이나 버스를 몇 시 몇 분에 어디에서 갈아타면 좋은지까지 검색할 수 있어 약속 시간을 정확하게 지킬 수도 있죠.

일본에서도 요즘 **Suica**나 **Pasmo** 같은 충전식 교통카드를 많이 사용하는데, 교통카드 기능뿐만 아니라 편의점, 코인로커, 자동판매기, 식당 등에서도 사용할 수 있어요.

일본에서 전철을 탈 때 주의할 점

1. 환승 할인이 없고, 노선에 따라 운영 회사가 다르면 추가 요금이 발생할 수도 있어요. 타기 전에 미리 확인해 보세요.
2. 같은 방향의 전철이라도 各駅각역, 普通보통, 快速쾌속, 急行급행 등으로 나뉘어요. 예를 들어 각역 전철은 역마다 정차하는 열차고, 쾌속이나 급행은 목적지까지 빨리 가기 위해 주요 역에만 정차해요. 열차가 왔다고 해서 아무 열차나 탔다가는 자칫 낭패를 볼 수도 있으니 타기 전에 꼭 확인하세요.

한걸음 더

- 入(い)り口(ぐち) 입구
- 東口(ひがしぐち) 동쪽 출구
- 北口(きたぐち) 북쪽 출구
- チャージする 충전하다
- 乗(の)り換(か)え 환승

- 出口(でぐち) 출구
- 西口(にしぐち) 서쪽 출구
- 南口(みなみぐち) 남쪽 출구
- 改札(かいさつ) 개찰구
- 乗(の)り換(か)える 갈아타다

● 東京の地下鉄は東京メトロというんだ。

도쿄 지하철은 도쿄 메트로라고 해.

● 東京メトロは、初めて利用する人にはちょっと複雑だよね。

도쿄 메트로는 처음 이용하는 사람들에게는 좀 복잡하게 되어 있긴 하지.

● 今日は、友達と池袋駅の西口で待ち合せしているんだ。

오늘은 이케부쿠로역 서쪽 출구에서 친구와 만나기로 했어.

韓国人 秋葉原に行きたいんだけど、どうやって行ったらいい？

日本人 そうね。ここからだったら池袋で丸ノ内線に乗って、御茶ノ水で
中央線に乗り換えて行くのがいいと思うけど。

韓国人 東京の地下鉄は複雑だからな。

日本人 あなたなら大丈夫よ。頑張って。

한국인　아키하바라에 가고 싶은데, 어떻게 가면 돼?

일본인　어디 봐. 여기서라면 이케부쿠로에서 마루노우치선을 타고 가다 오차노미즈에서 추오선으로
갈아타고 가면 될 거야.

한국인　도쿄 지하철은 너무 복잡하다니까.

일본인　너라면 잘 찾아갈 수 있을 거야. 힘내.

● 待(ま)ち合(あ)わせをする 때와 장소를 미리 정하고 약속하여 만나기로 하다

#012　레스토랑에서 일본어로 주문하기!

日本^{にほん}のレストラン

········
레스토랑에서 주문할 때 기본적으로 알아 두면 좋은 표현들에 대해 공부
해 볼까요.

すみません! 저기요!
'죄송해요'라는 뜻도 있지만 레스토랑에서는 직원을 부를 때 쓰는 말이에요.

これください。 이거 주세요.
주문할 메뉴가 정해졌다면 메뉴를 가리키며 '이거 주세요'라고 말하면 돼요. 어떤 메뉴라도 쉽게 주
문할 수 있겠죠. 물론 '음식 이름＋ください'라고 해도 좋아요.

一(ひと)つ 한 개　　　　　　**二(ふた)つ** 두 개　　　　　　**三(みっ)つ** 세 개
四(よっ)つ 네 개　　　　　　**五(いつ)つ** 다섯 개

메뉴를 주문하면서 수량을 말할 때 자주 쓰는 표현이에요. 물론 **いち**이치, **に**니,
さん상으로 말하거나 원, 투, 트리 하며 영어로 주문해도 상관없지만 앞의 수량
표현을 쓰는 게 가장 자연스러워요.

どっちがおいしいですか?

어느 쪽이 맛있나요? (몇 가지 음식 중에 망설이고 있을 때)

何^{なに}がオススメですか?

추천 메뉴가 뭔가요? (아예 뭘 골라야 할지 모를 때)

とりあえず以上^{いじょう}でお願^{ねが}いします。

우선 이걸로 부탁해요. (어느 정도 주문이 다 되었다는 뜻으로 사용할 때)

- すみません。注文、お願いします。

  저기요, 주문 받아 주시겠어요.

- スパゲティー二つと、ミートボール一つお願いします。

  스파게티 두 개하고, 미트볼 하나 주세요.

- お飲み物は何になさいますか?

  음료는 뭘로 하시겠어요?

ウエイター　ご注文はお決まりでしょうか。

お客　　　あの、このお店のおすすめメニューは何ですか?

ウエイター　そうですね、やっぱりステーキとかパスタ類とかがよく出ますね。

お客　　　そうですか。じゃあ、ハンバーグステーキ二つとクリームパスタとお子様ランチください。

ウエイター　はい、かしこまりました。

종업원　주문은 결정하셨나요?

손님　　네, 여기 추천 메뉴가 뭐죠?

종업원　아무래도 스테이크나 파스타 종류를 많이 찾으세요.

손님　　아, 그래요. 그럼 햄버그스테이크 두 개하고 어린이 런치 세트 주세요.

종업원　네, 알겠습니다.

#013 일본에서 소바랜!

^{そ ば}蕎麦

일본에서는 12월 31일 **大晦日**^{おお みそか}오-미소카에 가족과 함께 **年越しそば**^{とし こ}도시코시소바를 먹는 풍습이 있어요. 가늘고 긴 소바를 먹으면서 가족의 건강과 장수를 기원해요. 소바 가닥이 잘 끊어지기 때문에 지난 나쁜 일들을 잊어버린다는 의미도 있다고 하네요.

그리고 이사했을 때 **引っ越しそば**^{ひ こ}힛코시소바를 이웃집에 돌려요. 일본어로 **そば**소바가 옆이나 곁을 뜻하는 **側, 傍**과 발음이 같거든요.

요즘 인터넷을 통해서는 **そば打ち体験**^{う たいけん}소바우치 타이켕을 신청할 수도 있어요. 가루를 반죽하고 면을 만드는 등, 직접 소바를 만들어 먹을 수 있는 특별한 체험이기 때문에 인기 코스 중 하나랍니다.

한걸음 더

- **冷(れい)そば** 냉소바
- **きつねそば** 기츠네소바(소바 위에 유부가 올라간 것)
- **月見(つきみ)そば** 츠키미소바(소바 위에 날달걀을 얹은 것)
- **手打(てう)ちそば** 데우치소바(수제 소바)
- **わんこそば** 완코소바(작은 공기에 한입 분량의 소바가 담겨 있음. 이와테현에서는 매년 완코소바 먹기 대회를 열어 챔피언을 뽑음)

- **温(おん)そば** 온소바
- **たぬきそば** 다누키소바(소바 위에 튀김부스러기를 얹은 것)
- **ざるそば** 자루소바(판모밀)
- **十割(じゅうわり)そば** 주와리소바(메밀가루 100퍼센트로 만든 소바)
- **二八(にはち)そば** 니하치소바(메밀가루 8, 밀가루 2의 비율로 만든 소바)

- 食欲がない時は、やっぱりそばにかぎるね。

  입맛 없을 때는 역시 소바가 최고야.

- うちでは必ず大晦日に年越そばを食べるんだ。

  우리 집은 항상 섣달 그믐날에 도시코시소바를 먹어.

- そばってダイエットにも効果があるんだって。

  소바가 다이어트에도 도움이 된대.

女A そばの薬味は、何といってもネギとわさびだよね。

女B そう？ 私はどちらかと言うとトロロかな。

女A トロロ？ なんかねばねばして食べにくくない？

女B そんなことないよ。何なら一度試してみたら？ ホントおいしいよ！

女A そんなに言うなら、一度食べてみるよ。

여A 소바 양념은 뭐니 뭐니 해도 파하고 고추냉이지.

여B 그래? 나는 토로로가 좋은데.

여A 토로로? 어쩐지 끈적끈적해서 먹기 힘들지 않아?

여B 전혀 그렇지 않아. 뭐하면 한 번 먹어 봐? 정말 맛있다니깐!

여A 그렇게까지 말하니까 한 번 먹어 볼게.

- 薬味(やくみ) 양념, 고명

- ねばねばする 끈적거리다

- 試(ため)す 시험하다

#014 패스트푸드점에서 쓰는 일본어!

ファーストフード店 ^{てん}で

일본 패스트푸드점에서 주문할 때 점원이 항상 물어보는 말이 있죠.

こちらでお召し上がりですか？ 여기에서 드실 건가요?

それともお持ち帰りですか？ 아니면 가져가실 건가요?

앞의 표현을 통해 일본어의 존경어와 겸양어에 대해 간단히 알아봤어요. 일본어의 존경어와 겸양어 표현이 어렵더라도 상황별 표현이 등장할 때마다 조금씩 익혀 두면 도움이 될 거예요.

한걸음 더

召し上がる

'먹다'의 존경어로 '드시다'라는 뜻이죠. ここで食(た)べますか？여기에서 먹나요?라는 말을 경어로 표현하면 こちらでお召(め)し上(あ)がりですか？여기에서 드실 건가요?가 됩니다.

＊食(た)べる - 食(た)べられる - 召(め)し上(あ)がる

お持ち帰りですか？

'가지다, 들다'라는 뜻의 持(も)つ와 '집에 돌아가다'라는 뜻의 帰(かえ)る가 합쳐져 '가져가실 건가요?'라는 뜻이 됐어요. お는 존경, 공손, 친숙의 뜻을 나타내는 접두어죠.

- お待たせいたしました、ご注文は？

  오래 기다리셨습니다. 주문하시겠어요?

- ご注文は以上でよろしいでしょうか？

  더 주문하실 건 없으신가요?

- ご注文を、確認させていただきます。

  주문하신 걸 확인하겠습니다.

- お先に 1,000円お返しします。残り 380円のお返しと、レシート
  でございます。

  1,000엔 먼저 드리겠습니다. 나머지 잔돈 380엔과 영수증입니다.

이런 대화가 오가요

店員 いらしゃいませ。ご注文は？

お客 ビッグバーガーセット、お願いします。

店員 ビッグバーガーセットですね？ こちらでお召し上がりですか？

お客 いいえ、持ち帰りです。

店員 かしこまりました。
준비ができ次第お呼び致しますので、少々お待ちください。

점원 어서 오세요. 주문하시겠어요?

손님 빅버거 세트 주세요.

점원 빅버거 세트 말씀이신가요? 여기서 드실 건가요?

손님 아니요, 포장해 갈 건데요.

점원 알겠습니다. 준비되는 대로 불러 드릴 테니 잠시 기다려 주세요.

- 召(め)し上(あ)がる 드시다　● 持(も)ち帰(かえ)る 가지고 가다(오다)
- 次第(しだい) 순서, 되어 가는 대로

#015 일본의 교통수단을 표현하는 足!

日本の交通手段
にほん　こうつうしゅだん

　　　…….

저는 일본에서 직장 생활을 할 때 자동차로 출퇴근을 하다가 한국에 귀국

할 때 여러 가지 이유로 자동차를 처분했는데요. 일본어로 자동차나 전철 같은

교통수단은 어떻게 표현하는지 예를 들어 볼까요.

パクさんってさ、明日飲み会行くの？
　　　　　　　　　　あした　の　　かい い

박상, 내일 회식 갈 거야?

飲み会行くんですけど、ちょっと足がなくて。
　の　かい い　　　　　　　　　　　　　　　　あし

회식은 가는데, 타고 갈 게 없어서요….

そっか、パクさん車ないもんね。
　　　　　　　　　　くるま

足ないんだったら俺の車で一緒に行く？
　あし　　　　　　　　　おれ　くるま　いっしょ　い

참, 박상 차가 없었지. 타고 갈 거 없으면 내 차로 같이 갈래?

え？ いいんすかっ？

네? 그래도 되나요?

이런 식으로 일본어에서는 교통수단을 足아시라는 단어로 표현하기도 해요.
　　　　　　　　　　　　　　　　　　　　あし

● **足が乱れる** 사고 등으로 교통이 혼잡해지다

列車事故により、現在、足の乱れが予想されます。

현재 열차 사고로 인해 교통의 혼잡이 예상됩니다.

● **足が奪われる** 발이 묶이다, 오도가도 못 하게 되다

バスの路線の廃止が決定し、近辺のお年寄りの足が奪われた。

버스 노선이 폐지되면서 인근 노인들의 발이 묶였다.

● **足を延ばす** 현재 도착한 곳에서 더욱 멀리 가다

出張で近くまで来たので、郷里に足を延ばすことにした。

근처에 출장을 왔다가 고향까지 갔다.

● **足を運ぶ** 찾아가보다, 일부러 가다

無断欠席している生徒の家に、何度も足を運んだ。

무단 결석한 학생 집에 몇 번이나 찾아가봤다.

母 今日は朝からすごい雪よ。

息子 これだけ降ると、雪で足が奪われちゃうかもね。

母 その可能性、大よ。いつもより早めに家を出たら?

息子 うん、そうするよ。

엄마 오늘은 아침부터 눈이 펑펑 내리네.

아들 이 정도로 내리면 눈 때문에 아무데도 못 가겠는데요.

엄마 그러기 쉽겠구나. 평소보다 일찍 나서는 게 어때?

아들 네. 그럴게요.

● 大(だい) 큼, 많음 ● 무(はや)めに 빨리, 일찌감치

#016 일본의 우메보시는 소금에 절인다!

梅干し
うめ ぼ

梅干し우메보시는 매실을 소금에 절여서 만든 일본의 음식이에요. 다양한 일본의 음식 중에서 낫토와 우메보시는 외국인들의 입맛에 조금 안 맞는 편이긴 해요. 하지만 알카리성 식품이라 소화 촉진, 살균 작용, 정장 작용, 피로 회복, 노화 방지 등 다양한 효과가 있어 일본인들이 즐겨 먹는 음식이에요.

레몬처럼 신맛이 나는 우메보시를 반찬으로 먹는다는 게 살짝 생소할 수도 있는데요. 일본 사람들 중에는 외국 여행에서 음식이 입에 안 맞을 때를 대비해 우메보시를 챙긴다고 하네요. 한국 사람들이 고추장 가지고 다니는 것과 비슷한 것 같아요. 참, 우메보시는 살균 작용도 하니까 더운 날 도시락을 쌀 때 밥에 넣어두면 좋아요. 이렇게 우메보시를 넣은 도시락은 마치 일본의 국기같은 모양을 하고 있어서 **日の丸弁当**히노마루 벤토-라고 부르기도 합니다.

한걸음 더

梅干しの作り方 우메보시 만들기

❶ 梅をきれいに水洗いする。 먼저 매실을 물로 깨끗하게 씻는다.

❷ 容器に梅を入れ、塩をふる。 매실을 그릇에 담고, 소금을 뿌린다.

❸ 一ヶ月ほど漬ける。 한 달 정도 절인다.

❹ ザルに漬けた梅干しを平らに並べて日干しする。
절인 매실을 꺼내 소쿠리에 평평하게 놓고 말린다.

❺ 干しあがった梅干しは冷蔵庫に入れて三ヶ月から半年ほど後で食べる。
다 말린 우메보시는 보존용기에 담아 냉장고에 넣고, 3~6개월 정도 지나면 먹는다.

- 日本の梅干しはすごくすっぱいししょっぱいので、口に合う人もい
れ ばそうじゃない人もいる。

  일본의 우메보시는 시고 짠맛이 아주 강하기 때문에 좋아하는 사람도 있는가 하면 싫어하는 사람
  도 있다.

- 食欲がない時は、やっぱり梅干しに限るよ。

  입맛 없을 때는 역시 우메보시가 최고야.

- 特別なおかずがなくても、梅干しさえあれば大丈夫だよ。

  특별한 반찬이 없어도 우메보시만 있으면 괜찮아.

日本人　これ、ちょっと食べてみて。

韓国人　どれどれ、げえ、しょっぱい。何、これ？

日本人　梅干しっていうんだけど、日本の伝統的な食べ物よ。

韓国人　こんなしょっぱいの、どうやって食べるの？

日本人　もちろん、これだけじゃおいしくないよ、ごはんと一緒に食べな
いと。食欲増進に最高よ。

일본인　이것 좀 먹어 봐.
한국인　어디, 어디? 아이 짜. 이게 뭐야?
일본인　우메보시라는 건데, 일본 전통 음식이야.
한국인　이렇게 짠 걸 어떻게 먹어?
일본인　당연히 이것만 먹으니까 그렇지. 밥이랑 함께 먹으면 맛있어. 입맛 돌게 하는 데는 최고야.

- すっぱい 시다　● しょっぱい 짜다　● どうやって 어떻게

#017 화상 주의! 타코야키!

たこ焼き

....
타코야키는 문어라는 뜻의 **たこ**타코와 구이라는 뜻의 **焼き**야키가 합쳐진 단어로, 말 그대로 풀이하면 문어 구이예요. 하지만 문어를 그대로 구운 건 아니랍니다. 문어를 잘게 다져 넣은 빵으로 일본의 대표 간식이죠.

타코야키는 오사카가 유명한데요. 특별히 오사카가 아니어도 일본 어디서든 쉽게 먹을 수 있어요. 타코야키 기계도 팔고 있어 가정에서도 손쉽게 만들어 먹을 수도 있고요. 저도 일본에서 지낼 때 친구들과 모여 종종 **タコパ**타코파를 하곤 했었는데요. 웬만한 타코야키 가게보다 맛있었다는 후문이~. 참, **タコパ**는 **たこ焼きパーティー**타코야키 파티의 줄임말이라는 거 아시죠?!

한걸음 더

- **たこ + 焼(や)き = たこ焼(や)き** 문어 구이
- **タコパ = たこ焼(や)きパーティー** 타코야키 파티
- **たこ焼(や)き粉(こ)** 타코야키 가루
- **天(てん)かす** 튀김부스러기
- **紅(べに)ショウガ** 붉은 생강
- **青(あお)ネギ** 파
- **青(あお)のり** 파래
- **かつおぶし** 가다랑어포(가츠오부시)
- **明子焼(あかしや)き** 아카시야키(효고현 아카시시(市)의 향토 음식으로 달걀이 많이 들어가 부드러운 타코야키. 맛 국물에 찍어 먹는 것이 특징)

- 具にタコが入っているから「たこ焼き」って言うんだよ。

  빵 속 재료로 문어가 들어가서 '타코야키'라고 하는 거야.

- たこ焼きって熱すぎて口の中、火傷しちゃうことあるよね。

  타코야키가 너무 뜨거워서 입 안이 델 때도 있어.

- お祭りの屋台メシでは、たこ焼きと焼きそばが１、２を争う超定番 グルメなんだ。

  마츠리 기간 포장마차 음식 중에는 타코야키와 야키소바가 늘 1, 2위를 다투는 최고 인기 메뉴야.

女A　もうすぐ彩加の誕生日だけど、何する？

女B　うん、タコパしようと思ってるんだけど…。

女A　いいんじゃない、タコパ。それで準備の方は？

女B　たこ焼き粉と天かすと紅ショウガは買ってあるし、あと、タコと青 ネギは当日に準備するつもりなんだ。

女A　そっか。私にできることがあったら何でも言ってね、手伝うから。

女B　うん、頼むよ。

여 A　얼마 안 있으면 아야카 생일인데, 뭐 할까?

여 B　어, 타코야키 파티 하려구….

여 A　그거 좋겠다. 타코야키 파티. 그럼 준비할 건 뭐야?

여 B　타코야키 가루하고 튀김부스러기하고 붉은 생강은 사 놨고, 나머지 문어랑 파는 그날 준비할 거야.

여 A　그렇구나. 나도 도울 일 있으면 도울 테니까 뭐든 말해.

여 B　응, 부탁할게.

- グルメ 식통(요리의 맛에 정통함, 미식가)　● 天(てん)かす 튀김부스러기

#018 팥빙수에도 문화 차이가!

かき氷 ^{ごおり}

더운 여름이면 시원한 아이스크림이나 팥빙수가 절로 생각나지 않으세요? 한국의 다양한 팥빙수를 따라잡진 못하겠지만, 일본에도 **かき氷**^{ごおり}가키고오리라는 팥 빙수가 있어요. 얼음에 달콤한 시럽을 뿌려서 먹는 정도라 비주얼로는 그닥 높은 점수를 주긴 힘들어요.

물론 한국식 팥빙수처럼 연유나 과일 등을 얹어 먹는 팥빙수도 있어요. 특히 **鹿**^か **児島**^{こしま}가고시마의 **白熊**^{しろくま}시로쿠마가 굉장히 유명하답니다. 시로쿠마의 팥빙수는 아이스 크림처럼 전국의 편의점에서도 쉽게 찾아볼 수 있거든요.

여담이지만, 일본 사람들이 한국의 팥빙수를 보고는 세 번 놀란다고 해요. 일단 양이 많아 놀라고, 마구 섞어 먹는 것을 보고 놀라고, 다 같이 떠 먹는 것을 보고 놀란다네요.

한 걸음 더

- **かき氷(ごおり)** 팥빙수
- **小豆(あずき)** 팥
- **練乳(れんにゅう)** 연유
- **フルーツかき氷(ごおり)** 과일 빙수
- **シロップ** 시럽
- **果物(くだもの)** 과일

- アイスクリームもいいけど、夏はやっぱりかき氷だよ。

  아이스크림도 좋지만 여름엔 역시 팥빙수지.

- 昔はシロップをかけたかき氷が一般的だったけど、最近はフルーツかき氷も現れて種類が多様になった。

  옛날엔 시럽을 뿌린 팥빙수가 일반적이었는데, 요즘은 과일 빙수도 나오고 해서 빙수의 종류가 다양해졌다.

韓国人 　今日は韓国のかき氷、食べに行かない？

日本人 　へ〜　楽しみ。

　　　　〈かき氷やさんで〉

韓国人 　ジャジャーン！これが韓国のかき氷だよ。

日本人 　わあ。めちゃ、大きいじゃん。これが一人分？

韓国人 　違うよ。二人分だよ。韓国ではみんなで食べるのが普通だよ。

日本人 　へぇ、カキ氷も一緒に食べるんだ！？

한국인　오늘은 한국 팥빙수 먹으러 가자?

일본인　어머, 기대된다!

　　　　〈팥빙수 가게에서〉

한국인　짜잔〜 이게 바로 한국의 팥빙수야.

일본인　그래! 정말 양이 많네. 이게 1인분이야?

한국인　아냐. 둘이서 먹는 거야. 한국에서는 보통 여럿이서 먹거든.

일본인　어머, 팥빙수도 다 함께 먹는구나?

#019 | 007을 일본어로 뭐라고 할까요?

えい が
映画

🧑‍🦱 ....
　　일본에서 지낼 때 쉬는 날 가끔 영화를 보러 가곤 했는데요. 처음엔 휴식을 위해 본 영화가 살짝 스트레스로 다가오더군요. 자막을 일본어로 봐야 했기 때문이죠. 가끔 모르는 말이 나오거나 자막이 너무 빨리 지나가서 정확한 뜻을 이해하지 못할 때가 많았어요. 하지만 지금 생각해 보면 그런 것들 하나하나가 일본어 공부에 도움이 많이 되었던 것 같아요.

또, 일본 영화 이외의 다른 나라의 영화를 일본어 더빙판으로 보는 것도 일본어 공부에는 도움이 되었죠. 특히 더빙판은 전문 성우가 연기를 하기 때문에 정확한 발음까지 공부할 수 있어 금상첨화였어요.

혹시 007 영화를 보신 적이 있나요? 일본어로 007을 뭐라고 하는지 궁금하지 않으세요? 한국에서는 '공공칠'이라고 하죠. 일본에서는 **ダブルオーセブン**다부루 오- 세븐이라고 해요. 이건 영어권 나라도 마찬가지라고 하네요

한걸음 더

- **映画(えいが)** 영화
- **字幕(じまく)** 자막
- **吹(ふ)き替(か)え** 더빙
- **声優(せいゆう)** 성우
- **発音(はつおん)** 발음

• どんなジャンルの映画が好きですか?

어떤 장르의 영화를 좋아하나요?

• 映画にはラブロマン、ホラー映画、コメディー映画、SF映画、ミュージカル映画、アニメ映画などの様々な種類があります。

영화는 로맨스 영화, 호러 영화, 코미디 영화, SF 영화, 뮤지컬 영화, 애니메이션 등등 종류가 다양해요.

• 昔、お盆や正月などに吹き替え映画をよく見た記憶がある。

어릴 때 추석이나 설날이면 더빙한 외국 영화를 자주 봤던 기억이 난다.

女A ねえねえ、映画見に行かない?

女B いいけど、今、どんなのやってる?

女A うーん、どんなのが見たい?

女B ホラーは? やっぱり彼氏とでしょ?

女A じゃ、コメディーにする? 泣ける映画にする?

女B コメディにしよっか?

여A 있지, 영화 보러 안 갈래?

여B 좋아, 근데 지금 무슨 영화 해?

여A 어떤 거 보고 싶어?

여B 호러 어때? 아니, 남자친구랑 봐야지?

여A 그럼, 코미디 볼래? 슬픈 영화 볼래?

여B 코미디 영화 보자.

#020　**웃으면 복이 와요!**

笑^{わら}う門^{かど}には福^{ふく}来^きたる

....

웃음이 건강에 좋다는 걸 모르는 분들은 아마 없으실 거예요. 저는 일본의 개그 프로그램을 즐겨 보는데요. 일본에서는 개그 프로그램을 **お笑^{わら}い**오와라이라고 해요. 그 중에서도 **すべらない話^{ばなし}**스베라나이바나시라는 프로그램의 애청자랍니다. 일본에서는 남을 웃기려다 실패했을 때 **すべる**스베루라는 단어를 써요. '미끄러지다'라는 뜻인데요, 여기서 나온 표현이 바로 **すべらない話^{ばなし}**죠.

참, 한국에서 누군가의 이야기를 듣고 재미없으면 '썰렁해!'라고 말하잖아요, 일본에서도 **寒^{さむ}い**사무이라는 표현을 같은 뜻으로 쓰기도 한답니다^^

한걸음 더

- 笑(わら)う 웃다
- 諺(ことわざ) 속담
- 笑(わら)う門(かど)には福来(ふくき)たる
  항상 웃는 소리가 끊이지 않는 집에는 자연스럽게 복이 찾아온다
- 笑(わら)いを取(と)る 사람을 웃기려고 하는 것
- すべる 미끄러지다, 사람들을 웃기려고 했는데 전혀 웃기지 않는 것
- 寒(さむ)い 춥다, (재미있는 이야기를 했지만 웃기지 않아서) 썰렁하다
- 作(つく)り笑(わら)い 재미있거나 즐겁지 않는데 웃는 것(웃는 척하는 것)
- 苦笑(にがわら)い 별로 기분이 내키지 않지만 어쩔 수 없이 웃는 것
- 思(おも)い出(だ)し笑(わら)い 전에 있었던 일이 생각나서 웃는 것
- 貰(もら)い笑(わら)い 남이 웃고 있는데 왠지 따라서 웃게 되는 것
- 含(ふく)み笑(わら)い 입을 다물고 소리 내지 않고 웃는 것

이런 말을 자주 해요

- 女子高生たちはコロコロとよく笑う。箸が転んでもおかしい年頃とはよく言ったものだ。

  여학생들은 까르르 잘도 웃는다. 가랑잎만 굴러가도 웃는다는 말이 딱 맞다.

- 私の上司は昔流行ったオヤジギャグを連発してくるので、つきあうのに疲れる。

  상사가 한물간 아재개그를 연발하는 바람에 함께 있으면 피곤하다.

이런 대화가 오가요

父 最近よく聞くＪＫってなんのことだ?

母 あー、よく知らないけど、高校生のことだとか。

父 高校生? じゃ、ＪはジャパンのＪか?

母 あー、日本の高校生ってこと?

娘 超ウケる。やだなー。二人とも。女子のＪだよ。

父 えー!? じゃ、男子高校生はＤＫか?

娘 それは言わない。

아빠 요즘 JK라는 말을 많이 듣는데, 당신 무슨 뜻인지 알아?

엄마 글쎄요, 잘 모르겠는데, 고등학생이란 뜻이려나.

아빠 고등학생이라고? 그럼 J는 재팬의 J인가?

엄마 어머, 일본의 고등학생이란 뜻일 수도 있겠네!

딸 와, 짱 웃겨. 엄마 아빠 땜에 내가 못 살아. 여자(女子じょし)의 J잖아요.

아빠 뭐!? 그럼 남자 고등학생은 DK(男子だんし高校生こうこうせい)야?

딸 그런 말은 없어요!

- 超(ちょう) 너무, 아주(속어) ● ウケる 웃기다, 재미있다

#021 신분증에 관한 이야기!

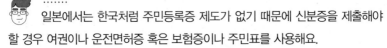

身分証明書
み ぶんしょうめいしょ

……
일본에서는 한국처럼 주민등록증 제도가 없기 때문에 신분증을 제출해야 할 경우 여권이나 운전면허증 혹은 보험증이나 주민표를 사용해요.

저도 일본에서 생활하면서 신분증이 필요할 땐 운전면허증을 썼는데요. 2016년부터는 **マイナンバー**마이 넘버라는 제도가 도입되어 국민 한 사람당 하나의 번호를 발급받게 되었죠. (장기 체류하는 외국인에게도 발급돼요.) 마이 넘버로 사회보장, 조세, 연금, 납세 등에 관한 행정 업무를 처리할 수 있게 되었지만, 마이 넘버 제도에 대한 비판의 목소리도 적지 않아요. 개인의 소득 수준, 연금, 보험 내역 등 온갖 정보가 번호 하나로 유출될 수도 있기에 악용될 소지가 있다고 보는 거죠.

더구나 마이 넘버는 한국의 주민등록증처럼 신분증으로 간편하게 쓸 수가 없어요. 신분증의 복사본 등을 제출할 때에는 번호 부분을 가리고 난 뒤 복사하거나, 아예 뒷면 복사는 법적으로 위반이 된다고 해요. 아무래도 마이 넘버라는 제도가 도입된 지 얼마 안 되다 보니 보완해야 할 문제점이 많을 수밖에 없겠죠.

한 걸음 더

- **身分証明書(みぶんしょうめいしょ)** 신분증
- **パスポート** 여권
- **運転免許(うんてんめんきょ)** 운전면허
- **保険証(ほけんしょう)** 보험증
- **住民票(じゅうみんひょう)** 주민표
- **マイナンバー** 마이 넘버
- **個人番号(こじんばんごう)カード** 개인번호 카드
- **法律違反(ほうりついはん)** 법률 위반

- 銀行口座を作る時は、保険証でも大丈夫です。

  은행 계좌를 만들 때는 보험증도 괜찮아요.

- 運転免許証は身分証明書にもなるから、持ってたら便利です。

  운전면허증은 신분증으로도 쓸 수 있어 갖고 다니면 편리해요.

이런 대화가 오가요

女の子	すみません。
	会員になるにはどうすればいいですか？
お店の人	身分証明書はお持ちですか？
女の子	運転免許証がないので、保険証しかないんですが。
お店の人	保険証で大丈夫ですよ。
女の子	じゃ、これでお願いします。
お店の人	少々お待ちください。

여학생	실례합니다. 회원 등록하려면 어떻게 해야 하죠?
직원	신분증 갖고 오셨나요?
여학생	운전면허증은 없고 보험증만 있는데요.
직원	보험증도 괜찮아요.
여학생	그럼, 이걸로 부탁드려요.
직원	잠깐만 기다려 주세요.

- 口座(こうざ) 계좌 • 便利(べんり) 편리

#022 간을 맞추는 조미료에도 순서가!

ちょう み りょう
調味料

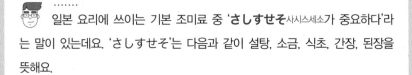

일본 요리에 쓰이는 기본 조미료 중 '**さしすせそ**사시스세소가 중요하다'라는 말이 있는데요. '**さしすせそ**'는 다음과 같이 설탕, 소금, 식초, 간장, 된장을 뜻해요.

砂糖(**さ**とう) 설탕 → 塩(**し**お) 소금 → 酢(**す**) 식초 → 醤油(しょうゆ、**せ**うゆ) 간장 → 味噌(み**そ**) 된장

* 간장은 しょうゆ라고 하지만, 옛날에는 せうゆ라고 했어요.

단순히 조미료의 한 글자씩만 딴 말이 아니라, 실제로 요리할 때도 さしすせそ의 순서대로 조미료를 넣으면 좋다고 해요.

예를 들어 설탕은 조미료 중 가장 처음에 넣는 게 좋아요. 식재료에 맛이 스며드는 시간이 오래 걸리기 때문이죠. 간장이나 된장은 풍미를 내기 위한 조미료라서 마지막에 넣어야 음식 맛을 돋워 줘요. 솔직히 저도 요리할 때 조미료 넣는 순서까지는 생각해 본 적이 없었는데요. 앞으로는 꼭 さしすせそ를 지키면서 요리를 해야겠어요.

한걸음 더

- 七味(**しちみ**) 마, 고춧가루, 파래가루, 깨, 겨자, 산초 등 일곱 가지 맛을 조합하여 만든 조미료
- 一味(**いちみ**) 고춧가루, 즉 한 가지 맛이 나는 조미료
- 味(**あじ**)の素(**もと**) 일본의 대표적 식품 기업명, 우리나라 미원과 비슷한 조미료 이름
- ほんだし 우리나라 쇠고기 다시다와 비슷한 가다랑어포 맛이 나는 조미료 이름
- 味見(**あじみ**)する 간을 보다

● 「料理の基本はさしすせそ!」と母に教わったのだが、「せ」とはなんだ
ろう?

'요리의 기본은 さしすせそ(사시스세소)!'라고 엄마한테 배웠는데, 'せ(세)'는 무슨 뜻일까?

● この料理は昆布のだしが効いてて、とてもおいしいです。

이 요리는 다시마 육수가 잘 우러나서 정말 맛있네요.

娘　お母さん、肉じゃがの味付け、どうしたらいい?

母　じゃ、お砂糖入れて、それから、みりんとおしょうゆね。
　　フタして弱火でしばらく煮て。

娘　はーい。

母　どう?　味見してごらん。

娘　おいしい。じゃがいももホクホクしてる。

母　じゃ、夕飯にしましょう。

딸　엄마, 니쿠쟈가(소고기 감자조림) 간은 뭘로 해요?

엄마　응, 설탕 먼저 넣고 미림하고 간장을 넣어. 그리곤 뚜껑 덮고 약한불에 한동안 끓여.

딸　알았어요~.

엄마　어때? 간을 봐 봐.

딸　감자도 따끈따끈하고 맛있어요.

엄마　그럼 이제 저녁을 먹어 볼까.

● 教(おそ)わる 배우다　● 効(き)く 듣다, 효과가 있다　● ホクホク 따끈따끈

#023 「私」와「俺」-일본어 회화체!

私と俺

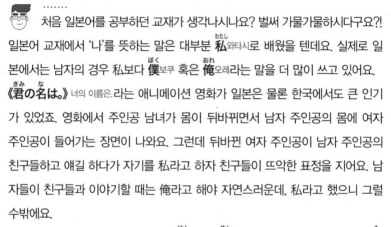

처음 일본어를 공부하던 교재가 생각나시나요? 벌써 가물가물하시다구요?! 일본어 교재에서 '나'를 뜻하는 말은 대부분 私와타시로 배웠을 텐데요. 실제로 일본에서는 남자의 경우 私보다 僕보쿠 혹은 俺오레라는 말을 더 많이 쓰고 있어요. 《君の名は。》너의 이름은.라는 애니메이션 영화가 일본은 물론 한국에서도 큰 인기가 있었죠. 영화에서 주인공 남녀가 몸이 뒤바뀌면서 남자 주인공의 몸에 여자 주인공이 들어가는 장면이 나와요. 그런데 뒤바뀐 여자 주인공이 남자 주인공의 친구들하고 얘길 하다가 자기를 私라고 하자 친구들이 뜨악한 표정을 지어요. 남자들이 친구들과 이야기할 때는 俺라고 해야 자연스러운데, 私라고 했으니 그럴 수밖에요.

그 밖에도 남자들은 밥을 뜻하는 ご飯고항은 飯메시라고 하고, 먹다라는 뜻의 食べる타베루는 食う쿠우라고 하기도 해요.

한 걸음 더

飯나 食う라는 말은 주로 남자들이 쓰는 말이라 여자들은 되도록 쓰지 않는 게 좋아요. 여자가 쓰면 살짝 거친 느낌을 주거든요.

- **おいしい** 맛있다 → **うまい**
- **あげる** 주다 → **やる**
- **お父(とう)さん** 아버지 → **おやじ**
- **お母(かあ)さん** 어머니 → **お袋(ふくろ)**

- さっちゃんは、自分のことを私と言わず、いつも「さっちゃん」と言う。

  삿짱은 자기를 '나'라고 하지 않고 항상 '삿짱'이라고 한다.

- 我が家の犬は、なぜか俺には全然懐かない。

  우리 집 개는 왠지 나를 전혀 따르지 않는다.

- 息子が「寿司食いてー、寿司食いてー」と言うので、みんなでお寿司を食べに行った。

  아들이 "초밥 먹고 싶어요, 초밥이요!" 하고 노래를 부르길래 다 같이 초밥을 먹으러 갔다.

母　ねえ、今から温泉行くけど、一緒に行く人〜〜？

娘　私も。

息子　僕も。

夫　俺も。

祖父　ワシもいいかのう？

母　もちろんですよ。一緒に行きましょう。

엄마　저기, 지금 온천 갈 건데, 함께 갈 사람〜〜?

딸　저 갈래요.

아들　저도요.

남편　나도.

할아버지　나도 가도 되겠나?

엄마　그럼요, 아버님. 함께 가세요.

- 懐(なつ)く 따르다　● わし 나(俺(おれ)보다 좀 격식 차린 말씨로 남자 노인들이 주로 씀)

#024　원어민처럼 말하기 1탄, 종조사 ね와 よ!

ねとよ

……
원어민처럼 자연스럽게 일본어를 하고 싶다면 배우처럼 연기를 해 보는 것도 좋아요. 사실 한국에서 일본어를 능숙하게 한다는 분들을 봐도 뭔가 부족한 느낌이 들긴 해요. 아무래도 일본어가 외국어인지라 감정 표현보다는 정확하게 전달하는 데에 초점을 맞추고 있어서겠죠. 여유가 있다면 배우가 연기하듯 희로애락을 표현하며 일본어를 연습해 보세요.

덧붙여서 자연스러운 일본어 표현을 도와주는 종조사의 쓰임을 공부하고 활용해 보세요. 종조사를 통해 말하는 사람과 듣는 사람의 관계, 말하는 사람과 듣는 사람과의 정보 공유 관계, 말하는 사람과 듣는 사람에 대한 태도 등 다양한 상황을 알 수 있어요. 종조사 중에서 대표적인 ね와 よ 정도만 적절히 활용해도 훨씬 자연스럽게 일본어를 구사할 수 있을 거예요.

● **ね는 자신과 상대방이 같이 알고 있는 정보에 대해서 공감하거나 확인할 때 사용해요.**

今日は暑いですね。 오늘은 덥네요.

そうですね。 그렇네요.

예문에서 자신과 상대방이 더운 날씨에 대해 공감하며 ね라는 종조사를 쓰고 있어요.

● **よ는 자신은 알고 있는데 상대방은 모를 경우나 의뢰, 권유, 명령을 강조할 때 사용해요.**

これはフランスのものですか？ 이건 프랑스 제품인가요?

いいえ、それは日本のものですよ。

아니요, 그건 일본 제품이에요.

예문에서 어떤 물건을 보고 상대방이 어느 나라 제품인지 묻자, 일본 제품이라는 걸 알고 있는 내가 상대방에게 알려 주는 상황이므로 よ라는 종조사를 쓰고 있어요.

좀 더 알기 쉽게 다른 예문으로 설명해 볼까요.

これ、おいしいですね。 이거, 맛있군요.
これ、おいしいですよ。 이거, 맛있어요.

이번 예문에서는 같은 문장에 종조사만 다르게 붙여 보았어요.

첫 번째 ね를 붙인 문장의 경우, 음식이 맛있다고 자신의 감정을 말하는데 상대방도 이 음식을 먹어 봤거나 현재 함께 먹으면서 맛있다고 공감해 주고 있어요.

두 번째 よ를 붙인 문장의 경우, 상대방은 먹은 적 없고 자신만 이 음식을 먹어 본 상황에서 맛있다는 정보를 상대방에게 알려 주는 뉘앙스가 들어 있어요.

종조사는 이론도 중요하지만, 결국 원어민이 실생활에서 어떤 느낌으로 쓰는지 다양하게 접해 보는 게 가장 좋은 공부 방법이죠. 일본인 친구나 지인 찬스, 혹은 여의치 않다면 방송 프로그램 등을 통해서라도 종조사를 활용한 자연스러운 일본어 표현을 꼭 연습해 보세요.

한걸음 더

- **ね、な** 여자가 ね를 쓴다면 남자는 な를 써요.
- **よね** よ와 ね를 조합하여 말할 수도 있어요. よ와 ね의 의미를 담아서 말하고 싶을 때 쓰는데, 이때는 나만 알고 있는 정보를 알려 주면서 동시에 동의를 구할 때 써요.
- **よな** 여자가 よね를 쓴다면 남자는 よな를 써요.

- 「私ねー。今日ね。学校の帰りにね。」と言うふうに彼女はいつでも「ね」をつける。

  '나 있지. 지금 있지. 학교에서 오는 길에 있잖아.' 하고 그녀는 말끝마다 '있지'를 붙인다.

- 「こうしてはいけませんよ。そうしてはいけませんよ。」と母にいつも口うるさく言われる。

  '이렇게 하지 말랬잖아. 그렇게 하지 말랬잖아.' 하고 엄마는 늘 잔소리를 하신다.

日本人　このキムチは辛いですか?

韓国人　そんなに辛くないですよ。食べてみてください。

日本人　あー、ほんとですね。辛くないですね。

韓国人　でしょう? おいしいでしょう?

日本人　はい、おいしいですね。これなら食べられます。

韓国人　どうぞ。沢山食べてください。

일본인　이 김치가 맵나요?

한국인　그렇게 맵진 않아요. 드셔 보세요.

일본인　아, 정말이네요. 안 매운데요.

한국인　제가 뭐랬어요? 맛있죠?

일본인　네, 맛있어요. 이 정도면 먹을 수 있겠어요.

한국인　자, 어서 많이 드세요.

- 口(くち)うるさい 잔소리가 많다

66

男 A　寒い?

女 B　うん、ちょっと寒いね。

男 A　ストーブ焚いたからもう寒くないよ。

女 B　ホント、あったかいね。

남 A　추워?
여 B　응. 좀 춥네.
남 A　스토브 켰으니까 이제 춥지 않을 거야.
여 B　정말. 따뜻해졌네.

男　おい、明日の約束、大丈夫だよな?

女　えっ? なんだっけ?

男　おいおい、忘れてんのかよ?
　　明日一緒に映画見に行こうっていってたじゃんかよ。

女　そうだった…。

男　行けるのかよ?

女　大丈夫よ。行けるよ。

남　야. 내일 약속 안 잊었지?
여　어? 뭐였더라?
남　이런. 잊은 거야? 내일 같이 영화 보러 가기로 했잖아.
여　그랬었구나….
남　갈 수 있는 거 맞아?
여　괜찮아. 갈 수 있어.

#025　한국인이 틀리기 쉬운 일본어 2탄!

顔が広い・足を洗う・恋人

　　……
　일본어는 문법과 어순이 한국어와 비슷해서 한국 사람들이 일본어를 공부할 때 다른 언어보다 분명 유리해요. 하지만 일본어 역시 엄연한 외국어라는 사실을 잊지 마세요. 두 언어의 닮은 듯 다른 요소들이 곳곳에 있을 수 있으니 너무 쉽다고만 생각하지 말고 확실히 공부해 두세요.

| 발이 넓다 | 足が広い x | 顔が広い o |

아는 사람이 많다는 뜻으로 한국에서는 '발이 넓다'라고 하지만, 일본에서는 발이 아닌 '얼굴이 넓다'라고 표현해요.

| 손을 씻다 | 手を洗う x | 足を洗う o |

나쁜 짓을 하다 그만둘 때 한국에서는 '손을 씻다'라고 하는데, 일본에서는 '발을 씻다'라고 표현해요.

| 애인(남자친구나 여자친구) | 愛人 x | 恋人 o |

일본에서는 한국식 표현으로 愛人아이징이라고 하면 불륜 상대를 뜻하니 조심하시길~. 일본어로 남자친구나 여자친구를 뜻하는 말은 恋人고히비토예요.

한걸음 더

- 彼氏(かれし) 남자친구
- 元(もと)カレ 전 남자친구
- 不倫(ふりん) 불륜
- 彼女(かのじょ) 여자친구
- 元(もと)カノ 전 여자친구
- 浮気(うわき)をする 바람피우다

• 私の愛する人と言えば、恋人や家族のことなのに、縮めて愛人って
いうと不倫相手になってしまう。

사랑하는 사람이라면 애인과 가족인데, 이 말을 줄여서 애인이라고 하면 불륜 상대라는 뜻이 되어
버린다.

• ウチの息子は昔ちょっとグレていて悪いこともしたけれど、今では
足を洗って、立派な社会人になりました。

우리 아들이 예전에는 속을 못 차리고 나쁜 짓을 했지만, 지금은 깨끗하게 손 씻고 어엿한 사회인
이 되었어요.

女 わー、このお芝居。私、見たかったんだ。
　 すごい人気で…なかなかチケットが取れないんだよね。

男 それだったら、お袋に頼んでやろうか?

女 えっ? そんなことできんの?

男 うん。お袋の友達がやってるんだ。

女 すごーい。お母さん、顔が広いんだね～。

男 そんなことねーよ。たまたまだよ。たまたま。

여 어머, 이 연극, 정말 보고 싶었어. 인기가 굉장해서 티켓 구하기 정말 어렵거든.

남 그럼. 우리 엄마한테 부탁해 볼까?

여 뭐? 정말 그게 가능해?

남 응. 엄마 친구분이 하시거든.

여 굉장하다! 너희 어머니, 발이 넓으시네.

남 그런 건 아니고, 우연히 그렇게 된 거야. 우연히.

• 縮(ちぢ)める 줄이다　　• グレる 비뚤어지다, 자포자기하다

#026 **한국과 다른 일본의 식사 매너!**

しょくじ
食事のマナー

일본은 한국과 지리적으로도 가깝고 같은 쌀 문화권이라 식생활 면에서 비슷한 점이 많은데요. 자세히 보면 다른 점들도 있어요.

가장 큰 차이점은 밥그릇은 들고 먹고, 숟가락을 잘 쓰지 않고, 여럿이 같이 먹는 찌개는 각자 개인 접시에 덜어 먹고, 상차림에서 숟가락과 젓가락은 가로로 놓는다는 점이에요.

다음은 일본의 젓가락 예절에 대한 내용이니 참고해 보세요.

- 嫌(きら)い箸(ばし)、迷(まよ)い箸(ばし) 젓가락을 든 채 어떤 음식을 먹을지 망설이지 않아요.

- 涙箸(なみだばし) 젓가락으로 음식을 집을 때 국물이나 간장을 흘리지 않아요.

- 渡(わた)し箸(ばし) 그릇 위에 젓가락을 가로로 올려 놓지 않아요.

- 箸渡(はしわた)し 젓가락으로 음식을 주고받지 않아요.
  * 사람을 화장(火葬)한 후 뼈를 골라 낼 때와 비슷한 행동으로 불길한 의미가 있기 때문이에요.

- 探(さぐ)り箸(ばし) 젓가락으로 음식을 뒤적이거나 모양을 망가뜨리지 않아요.

- 刺(さ)し箸(ばし)、突(つ)き箸(ばし) 젓가락으로 음식을 찍어서 먹지 않아요.

- 立(た)て箸(ばし) 밥그릇에 젓가락을 꽂지 않아요.

- 寄(よ)せ箸(ばし) 젓가락으로 그릇을 끌어당기지 않아요.

한 걸음 더

- **おかわり** 리필
- **箸(はし)置(お)き** 젓가락받침
- **弁当(べんとう)** 도시락

- **小皿(こざら)、取(と)り皿(ざら)** 개인 접시, 앞접시
- **取(と)りばし** 음식을 덜 때 쓰는 젓가락
- **使(つか)い捨(す)て** 일회용

● 日本ではお茶碗を持って食べないと行儀が悪いと言われる。

일본에서는 그릇을 들고 먹지 않으면 예의가 없다는 소리를 듣는다.

● 結婚のお祝いに夫婦茶碗と夫婦箸を頂いた。

결혼 축하 선물로 부부 그릇과 젓가락 세트를 받았다.

이런 대화가 오가요

韓国人	日本と韓国、お箸の置き方が違うよね。
日本人	そう？
韓国人	日本は手前に横にして置くよね。
日本人	そうだよ。韓国はどうやって置くの？
韓国人	韓国では右側に縦にして置くんだよ。
日本人	へえ～。
韓国人	それに必ずスプーンも一緒に置くんだよ。
日本人	そっか。日本は普通箸だけだもんね。

한국인	일본과 한국, 젓가락 놓는 방법이 다르지?
일본인	그렇던가?
한국인	일본은 앞쪽에 가로로 놓지?
일본인	그렇지. 한국은 어떻게 놔?
한국인	한국은 오른쪽에 세로로 놔.
일본인	오호～.
한국인	게다가 꼭 숟가락이랑 같이 놓거든.
일본인	그렇구나. 일본은 보통 젓가락만 놓긴 하지.

● 行儀(ぎょうぎ) 예의범절. 예절   ● 頂(いただ)く '받다(받다)'의 공손한 말씨

#027 일본의 사투리!

方言
ほうげん

외국어 사투리까지 구사할 줄 안다면 그야말로 외국어의 고수라고 할 수 있을 텐데요. 일본에도 당연히 사투리가 있어요. 일본어로 사투리는 **方言**호−겐 또는 **訛り**나마리라고 하는데요, 일반적으로 지역 이름에 **弁**벤을 붙이면 그 지역의 사투리라는 뜻이에요. 예를 들어 오사카 사투리는 **大阪弁**오−사카벤, 오키나와 사투리는 **沖縄弁**오키나와벤이라고 하죠.

물론 일본의 사투리를 몰라도 일본 생활에 어려움은 없어요. 하지만 여유가 있어 일본의 표준어와 함께 사투리를 하나 더 배운다면 오사카벤을 추천해요. 일본의 TV프로그램, 특히 개그 프로그램을 즐기실 생각이라면 오사카벤은 필수예요. 일본 방송의 개그맨들 중에 유독 오사카 출신이 많아 개그 프로그램에 오사카벤이 많이 나오거든요. 자신들의 지역에 대한 자부심이 강한 오사카 출신 개그맨들이 도쿄로 진출해서도 사투리를 고수한 결과 하나의 문화를 만든 셈이죠.

한걸음 더

日本の標準語 일본의 표준어
にほん　ひょうじゅんご

한국의 표준어 규정을 보면 '교양 있는 사람들이 두루 쓰는 현대 서울말로 정함을 원칙으로 한다'라고 되어 있듯이, 일본도 도쿄에서 쓰는 말을 표준으로 삼고 있어요. 또한 서울에 서울 사투리가 있듯이, 도쿄에도 도쿄 사투리가 있는데 이를 **東京弁(とうきょうべん)**도−쿄−벤이라고 해요.

- ご当地アイドルが方言でお国自慢するのがかわいい。

  그 지역 아이돌이 사투리로 자기 고향 자랑하는 게 귀엽다.

- 「なまってるぞ」と言われたくなくて、必死で標準語を使う。

  사투리 쓴다는 소리 듣기 싫어서 필사적으로 표준어를 쓰고 있다.

- 関西から来た子同士が話してるのを聞いてると、ただの会話も漫才してるみたいに聞こえる。

  간사이 지방에서 온 아이들끼리 얘기하는 걸 듣고 있으면 그냥 주고받는 대화도 만담처럼 들린다.

이런 대화가 오가요

女A　そうじゃけん…。

女B　出身どこ?

女A　私? 私は広島。

女B　だよね。それって有名な広島弁だよね。

女A　そう。たまにポロッと出ちゃうんだよね。

女B　いいんじゃない?! かわいいよ。

여A　근당께.

여B　고향이 어디야?

여A　나? 히로시마.

여B　그렇지! 아까 한 말이 그 유명한 히로시마 사투리지?

여A　응. 가끔 불쑥불쑥 튀어 나온다니까.

여B　귀엽고 좋은데 뭘?!

- ご当地(とうち) 연예인이 출신지에서 출연할 때의 그 지방을 일컬음 ● 国(くに) 시골, 고향, 지방
- なまる 사투리 발음을 하다 ● 同士(どうし) 끼리(접미어)
- そうじゃけん 그렇다는 뜻의 히로시마 사투리

#028 일본을 이해하자, 혼네와 다테마에!

<ruby>本<rt>ほん</rt></ruby><ruby>音<rt>ね</rt></ruby>と<ruby>建<rt>たて</rt></ruby><ruby>前<rt>まえ</rt></ruby>

 일본에서 비즈니스가 이루어지는 상황을 떠올려 보세요.

거래처에 어떤 제안을 하고, 다음과 같은 답변을 듣게 되죠.

<ruby>一<rt>いち</rt></ruby><ruby>度<rt>ど</rt></ruby><ruby>検<rt>けん</rt></ruby><ruby>討<rt>とう</rt></ruby>してみます。 한 번 검토해 보겠습니다.

<ruby>前<rt>まえ</rt></ruby><ruby>向<rt>む</rt></ruby>きに<ruby>考<rt>かんが</rt></ruby>えさせていただきます。 긍정적으로 생각해 보겠습니다.

듣는 이에 따라선 좋은 결과를 기대할 수도 있겠지만, 이 답변 결과는 부정적일 때가 많아요. 상대방에게 상처를 주지 않으려고 선뜻 NO라고 대답하지 않는 일본인들의 특징이 잘 드러나 있죠.

일본의 정서에는 本音와 建前가 있어요. **本音**혼네는 본심, 거짓말이 아닌 진심과 진정한 감정을 뜻해요. 반면 **建前**다테마에는 마음속의 본심은 그렇지 않지만 겉으로 다른 사람에게 보여 주는 부분, 자신과 다른 사람들의 관계성을 유지하기 위해 만들어진 부분을 말해요.

진심을 드러내지 않은 채 돌려 말하거나 모호하게 표현하는 일본의 혼네와 다테마에. 이런 일본 문화를 접할 때면 외국인 입장에서는 이해하기 힘들죠. 물론 일본인이 다 그렇다고 단정할 순 없어요. 분명 여러 사람들을 만나는 과정에서 처음 이방인의 눈으로는 이해하기 힘들었던 혼네와 다테마에의 정서를 조금씩 이해하게 될 거라고 믿어요. 여러분이 먼저 마음을 열고 진심으로 다가간다면 일본 친구들도 혼네와 다테마에를 구분하지 않고 진심을 보여 줄 거예요.

주의! 실제 대화 중에는 本音와 建前라고 직접 표현하기보다는 **<ruby>社<rt>しゃ</rt></ruby><ruby>交<rt>こう</rt></ruby><ruby>辞<rt>じ</rt></ruby><ruby>令<rt>れい</rt></ruby>**나 お**<ruby>世<rt>せ</rt></ruby><ruby>辞<rt>じ</rt></ruby>**라는 비슷한 말을 쓰는 게 좋아요.

- 社会人になったら本音と建前を上手く使い分けられるようにならなければならない。

  사회인이 되면 진심과 표면상의 방침을 가려서 쓸 줄 알아야 한다.

- 会社での付き合いは建前ばかりで疲れてしまう。

  회사 내에서의 관계는 단지 형식적인 것이라서 피곤하다.

男A 俺、この間山田さんと食事に行ったんだ。

男B ずっと好きだって言ってたあの山田さん?

男A そうだよ。で、「楽しかったです」って言われたから、また誘ったんだよ。

男B そしたら?

男A 「仕事がある」って…。

男B そりゃ、振られたな。ただの社交辞令だよ。

남A 나 말이야, 요전에 야마다 씨하고 밥 먹었어.

남B 줄곧 좋아한다고 했던 그 야마다 씨?

남A 맞아. 야마다 씨가 '즐거웠어요' 하길래 또 보자고 했어.

남B 그랬더니?

남A '일이 있어서요'라고 하던데….

남B 그럼 차인 거네. 그냥 인사치레로 한 말이야.

- 使(つか)い分(わ)ける 달리 하다, 가려 쓰다　　• 振(ふ)られる 차이다

#029 한국에 부침개가 있다면, 일본에는 오코노미야키가 있다!

お好み焼き
(この) (や)

일본 음식 중에서 한국에도 잘 알려진 음식이 바로 오코노미야키죠. 좋아함, 취미라는 뜻의 **好み**코노미와 구이라는 뜻의 **焼き**야키가 합쳐진 단어로, 자신이 좋아하는 재료를 넣어 부침개처럼 구운 요리예요.

만드는 방법은 지역마다 혹은 집집마다 조금씩 달라요.

지역별로는 **関西風お好み焼き**간사이식 오코노미야키와 **広島風お好み焼き**히로시마식 오코노미야키가 유명해요. 간사이식은 밀가루, 양배추, 달걀, 고기, 해물 등을 넣어 만들어요. 히로시마식도 들어가는 재료는 비슷한데 한 가지 다른 점은 야키소바 같은 면을 넣는 거예요. 참, **もんじゃ焼き**몬자야키라고 도쿄식 오코노미야키가 하나 더 있어요. 보통 오코노미야키보다는 물기가 많은 것이 특징이에요. 여러분은 어떤 오코노미야키를 고르실래요?

한 걸음 더

- **鉄板(てっぱん)** 철판
- **小麦粉(こむぎこ)** 밀가루
- **玉子(たまご)** 달걀
- **海産物(かいさんぶつ)** 해산물
- **青(あお)のり** 파래

- **へら** 뒤집개
- **キャベツ** 양배추
- **お肉(にく)** 고기
- **もやし** 숙주
- **かつおぶし** 가다랑어포

- お好み焼きを家で作る時は、広島風より大阪風の方が作りやすい。

집에서 오코노미야키를 만들 때에는 히로시마식보다 오사카식이 만들기 쉽다.

- 広島風はそばかうどんが一緒に食べられるので、ちょっと得した気分になる。

히로시마식 오코노미야키는 소바나 우동을 함께 먹을 수 있어서 살짝 이득을 보는 것 같다.

- 大阪B級グルメの王道と言えば、やっぱりお好み焼きでしょう!!

오사카 B급 미식가의 왕도라고 하면 역시 오코노미야키죠!!

女A ねえ、お好み焼き、食べない?

女B いいね。食べよう。

女A お好み焼きは大阪風と広島風どっちが好き?

女B 私? 私は広島風かな…。

女A 私は…どっちも捨て難いんだけど…今日は広島風食べようか。

女B うん、そうしよう。

여 A 오코노미야키 먹을래?

여 B 좋아, 먹자.

여 A 오코노미야키는 오사카식하고 히로시마식 중 어느 걸 좋아해?

여 B 나? 난 히로시마식이 좋아～.

여 A 난, 둘 다 포기하기 힘든데… 오늘은 히로시마식으로 먹어야겠다.

여 B 응, 그래.

- グルメ 미식가　　● 捨(す)て難(がた)い 버리기 어렵다

#030 20만 개가 넘는 일본의 성씨(姓氏)!

日本人の姓氏
<small>に ほんじん</small> <small>せい し</small>

....
여러분은 일본인의 성씨를 얼마나 알고 있나요?

佐藤<small>사토</small>, 鈴木<small>스즈키</small>, 田中<small>다나카</small>, 高橋<small>다카하시</small>, 林<small>하야시</small> 등은 한국의 김씨, 이씨, 박씨처럼 일본에서 흔한 성씨예요.

한국 성씨가 300개 정도이고, 중국 성씨가 4,000개 정도 되는데요, 일본 성씨는 무려 20만 개가 넘는다고 하니 정말 놀랍지 않나요!? 이것도 성씨를 세는 기준이 통일되어 있지 않아서 정확한 통계는 아니라고 해요. 예를 들어 たきざわ라는 하나의 성씨를 한자로 滝沢, 滝澤, 瀧澤, 瀧沢라고 쓰고, **たきざわ**<small>다키자와</small> 혹은 **たきさわ**<small>다키사와</small>라고 읽기 때문에 모두 다른 성씨로 보고 통계를 잡으면 무려 8개나 되는 셈이죠. 일본인의 성씨는, 江戸時代<small>에도시대</small>에 왕이나 귀족, 그리고 무사들만 가지고 있다가 明治維新<small>메이지유신</small> 이후 나라에서 세금 징수나 징병을 효율적으로 할 요량으로 일반인에게도 만들게 했다고 해요. 한국은 이름 하면 성과 이름을 다 뜻하지만, 일본에서는 주로 성만 부르는 경우가 많아요. 이름은 학교나 회사에서 같은 성씨의 사람이 둘 이상이어서 구분이 필요할 때나, 친한 친구나 가족, 연인 사이에 부르죠. 남녀가 처음 사귈 때도 성만 부르다 어느 정도 지난 후라야 이름으로 불러요.

한걸음 더

- 姓氏 (せいし)、姓名(せいめい)、氏名(しめい)、名前(なまえ) 성씨, 성명, 이름
- 苗字 · 名字(みょうじ) 성
- 下(した)の名前(なまえ) 이름
- あだ名(な)、ニックネーム 별명

78

- 会社では山田さんと呼ばれ、友達からは山っちとか山ちゃんと呼ばれ、親からはイッチャンと呼ばれている。たまに山田がもう一人いると、一郎の方の山田さんとなる。

  회사에서는 내 이름을 야마다 씨라고 부르고, 친구들은 야맛찌나 야마짱으로 부르고, 부모님은 잇짱이라고 부르신다. 가끔 야마다가 한 사람 더 있으면 이치로라는 이름의 야마다 씨가 된다.

- 僕の苗字は御手洗と書いて「みたらい」と言う。本当は神聖な意味なのに、子供の頃は友達からよくからかわれた。

  나의 성씨는 御手洗라고 쓰고 '미타라이'라고 부른다. 원래는 신성한 뜻인데 어린 시절 친구들한테는 곧잘 놀림감이 되곤 했다.

女 ねえ、山田くんって下の名前なんだっけ?

男 俺? 一郎。

女 どっちもありふれた名前だね。

男 だろ! マジうちの親、手抜きしたんじゃねー?って思うよ。

女 そんなことないよ。一生懸命考えてくれたんだよ。

男 いいよ。慰めてくれなくても…。

여 야마다 너, 성 말고 이름이 뭐였지?

남 나 말이야? 이치로!

여 성도 이름도 다 흔하네.

남 내 말이! 진짜 우리 엄마 아빠가 아무 생각 없이 지은 게 아닌가 싶다니까.

여 그럴 리가 있겠어. 열심히 고민하셨을 거야.

남 됐어. 위로 같은 거 딱 질색이야.

#031 알고 보면 재미있는 일본어 이야기!

ありがとう・くのいち

  ·······

첫 번째 이야기

일본어로 고맙다는 말을 아시나요?

네, **ありがとう**아리가토-라고 하죠.

한자로 쓰면 有り難う예요.

ありがとう의 어원은 有難しで, **滅多<ruby>め<rt>めった</rt></ruby>にない, 珍しく貴重だ**드물다, 희귀하다라는

뜻이에요.

옛날 사람들은 평소에는 좀처럼 일어나지 않는 좋은 일이 생기면 신이 준 은혜로

생각하고 **有難いことだ。**이런 일은 있을 수 없는 일이다.라며 신에게 감사를 드렸다고 해

요. 이렇듯 신에게 감사드리던 표현이 널리 퍼지면서 ありがとう라는 말이 생겨

났어요.

두 번째 이야기

닌자 중에서 여성 닌자는 뭐라고 하는지 아시나요?

잘 모르시겠다구요? 네, くのいち라고 한답니다.

자주 접하는 말은 아니지만, 쉽게 외우는 방법이 있어요.

く는 히라가나 그대로, の는 가타카나로, いち는 한자로 바꿔서 기억해 보세요.

즉, く + ノ + 一 = ?

정답은 **女**여자라는 한자예요.

어떠세요, 기억하기 참 쉽지 않나요?!

- 私にとって大変有難いお話ではありますが、今回の海外赴任の件は辞退させていただきます。

  대단히 감사한 말씀이시지만, 이번 해외 부임 건은 사퇴하겠습니다.

- 有難いことに、新しく始めた店もお客様が増えてきて、ひとまず安心です。

  다행히도 새로 문을 연 가게의 손님이 점점 늘어나고 있어 일단 안심이에요.

女 あー、風邪治った?!

男 おー、もう大丈夫。

女 これ、休んでた時のノート。

男 おー、サンキュー。助かるよ。

女 お礼はチョコパフェでいいから。

男 えー!? そりゃねーぜ。学食の焼きそばパンでいいだろ?

여 어머, 감기 다 나았어?!

남 어, 이제 괜찮아.

여 이거. 너 학교 안 나올 때 노트 필기한 것들이야.

남 오, 땡큐! 살았다.

여 고마움의 표시로 초콜릿 파르페면 돼.

남 뭐!? 그런 게 어딨어. 학교 식당 야키소바 빵이면 충분하잖아?

- ひとまず 우선, 일단　　● 辞退(じたい) 사퇴

#032 비에 관련된 일본어 표현!

雨の表現
あめ ひょうげん

．．．．．．．
일본은 세계적으로도 비가 많이 오는 나라죠.

오늘은 雨_{아메}와 관련된 다양한 일본어 표현에 대해 알아볼게요

雨障り あまざわ	비 때문에 외출할 수 없는 것
小雨 こさめ	살짝 내리는 비, 가랑비
にわか雨 あめ	소나기
時雨 しぐれ	(늦가을부터 초겨울에 걸쳐 오는) 한 차례 지나가는 비
通り雨 とお あめ	금방 멈추는 지나가는 비
雨上がり あめ あ	비가 그침, 비가 갬
夕立 ゆうだち	여름 저녁에 오는 소나기
雨宿り あまやど	비가 그치기를 잠시 기다림
虹 にじ	무지개

한걸음 더

일본은 계절별로 비를 부르는 이름이 달라요.

- 봄　春(はる)　　봄비　春雨(はるさめ)
- 여름　夏(なつ)　　여름비　五月雨(さみだれ)
- 가을　秋(あき)　　가을비　霧雨(きりさめ)
- 겨울　冬(ふゆ)　　겨울비　時雨(しぐれ)

그런데 여름에 내리는 비를 왜 '五月雨(さみだれ) 5월에 내리는 비'라고 하지? 하는 의문
이 드실 수 있을 거예요. 그것은 옛날에는 양력이 아닌 음력을 썼기 때문이라네요. 음력으
로 5월이니 양력으로는 6월이 맞죠.

- あれ見て、雨上がりの空に虹が出てるよ。

  저기 좀 봐, 비가 그친 하늘에 무지개가 떴어.

- なんか空模様が怪しいね、夕立が来そうだ。

  왠지 하늘이 수상한데, 금방이라도 저녁 소나기가 쏟아질 것 같아.

- 彼は小雨が降る中、傘もささないで出て行った。

  가랑비가 내리는데 그는 우산도 쓰지 않고 밖으로 나갔다.

女A あぁ、にわか雨が降ってきた。

女B あ、ホント。さっきまで、あんなに天気が良かったのに。

女A どうしよう、傘持ってない。

女B 私も…。

女A 仕方ない、あの軒下でちょっと雨宿りして行こうか。

女B そうだね。しばらくすれば止むだろうし。

여A 앗, 소나기가 내리고 있어!

여B 어머, 정말이네. 좀 전까지 날씨가 그렇게 좋더니….

여A 어쩌지. 우산 없는데.

여B 나도….

여A 어쩔 수 없어 뭐, 저기 처마 밑에서 잠깐 비 그치길 기다렸다 가자.

여B 그래. 좀 있으면 그치겠지.

- 怪(あや)しい 수상하다, 의심스럽다 ● さす (우산 따위를) 쓰다, 가리다 ● 軒(のき) 처마

#033 '뭔가에 푹 빠져 있다'를 일본어로는?

はまっている

  ....
여러분은 요즘 뭐에 푹 빠져 계시나요?

취미? 이성? 참, 공부도 좋구요. 아무튼 뭔가에 푹 빠져 지낸다는 건 분명 좋은 일이겠죠. '뭔가에 푹 빠져 있다'라는 표현은 일본어로 **はまっている**하맛테 이루라고 해요.

動画制作にはまっている。 동영상 제작에 푹 빠져 있다.
<small>どう が せいさく</small>

私は彼女にはまっている。 나는 그녀에게 푹 빠져 있다.
<small>わたし かのじょ</small>

비슷한 표현으로는 **夢中**무츄－와 **マイブーム**마이부－무라는 말이 있어요. **マイブーム**는 자기 자신에게 붐이 일고 있다, 즉 뭔가에 빠져 있다라는 말과 같은 뜻이죠.

彼女に夢中だ。 그녀에게 빠져 있다.
<small>かのじょ む ちゅう</small>

最近のマイブームはなんですか？ 요즘 좋아하는 게 뭔가요?
<small>さいきん</small>

한걸음 더

凝っている
<small>こ</small>

취미나 스포츠 등에 몰두하는 것은 凝っている를 써요. 세세한 부분까지 공들여 노력한다는 의미가 담겨 있어요.

最近コーヒーに凝っている。 요즘 커피에 빠져 있다.
<small>さいきん こ</small>

'커피에 빠져 있다'는 말에는 마음에 드는 커피콩을 고르고, 정성을 들여 갈고, 커피를 내리는 방법에까지 심혈을 기울이고 있다는 뜻이 담겨 있죠.

- うちの息子、最近インターネットゲームにはまっちゃって、困ってるのよ。

우리 아이가 요즘 인터넷 게임에 빠져 있어 골치가 아프네요.

- あなたのマイブームは何？
最近のマイブームはバトミントンです。

네가 좋아하는 건 뭐야? / 요즘 빠져 있는 건 배드민턴이에요.

- このごろ編み物に夢中なの。

요즘 뜨개질에 푹 빠져 있어.

이런 대화가 오가요

父　何やってるんだ。

娘　ディズニーツムツム。今、これにはまっちゃってて…。

父　ゲーム？生産性ないね、本でも読んだらどうだ。

娘　いいじゃん、暇つぶしに最高よ。

父　時間、もったいないと思わないのか？

娘　大丈夫、大丈夫。私、やるときにはちゃんとやるから。

아빠　뭐 하고 있어?

딸　라인 디즈니 썸썸. 요즘 이거에 푹 빠져 있어.

아빠　게임? 그렇게 비생산적인 걸. 차라리 책을 읽어라.

딸　뭐 어때. 시간 보내기엔 이만한 게 없어.

아빠　시간 아깝다는 생각 안 들어?

딸　괜찮아, 걱정 마. 내가 일할 땐 또 확실하게 하잖아.

- 困(こま)る 곤란하다　　●編(あ)み物(もの) 뜨개질　　● 暇(ひま)つぶし 심심풀이

#034　1박 2일을 일본어로는?

一泊二日
<small>いっぱく　ふつか</small>

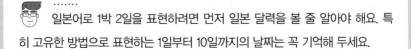

일본어로 1박 2일을 표현하려면 먼저 일본 달력을 볼 줄 알아야 해요. 특히 고유한 방법으로 표현하는 1일부터 10일까지의 날짜는 꼭 기억해 두세요.

1日(ついたち)쯔이타치　2日(ふつか)후츠카　3日(みっか)밋카　4日(よっか)욧카

5日(いつか)이츠카　6日(むいか)무이카　7日(なのか)나노카　8日(ようか)요우카

9日(ここのか)고코노카　10日(とおか)토오카

몇 박 며칠?

一泊二日(いっぱくふつか)잇빠쿠 후츠카　1박 2일

二泊三日(にはくみっか)니하쿠 밋카　2박 3일

三泊四日(さんぱくよっか)삼빠쿠 욧카　3박 4일

四泊五日(よんぱくいつか)용빠쿠 이츠카　4박 5일

한걸음 더

日帰り、トンボ帰り 당일치기
<small>ひ がえ　　　　がえ</small>

어떤 장소에 가서 목적만을 달성하고 바로 돌아오는 것을 말해요.

京都に出張に行ったのだが、とんぼ返りだったのでお土産の一つも買えなかった。
<small>きょうと　しゅっちょう　い　　　　　　　　がえ　　　　　　　　　みやげ　ひと　　か</small>

교토에 출장을 갔는데 당일치기여서 선물 하나 사오지 못했다.

- 一泊二日と二泊三日では、料金がだいぶ違う。

1박 2일과 2박 3일 요금은 차이가 꽤 난다.

- 最近では激安航空チケットが増えて、気楽に海外旅行ができるように
なりました。

요즘 들어 초저가 항공 티켓이 많아져서 부담 없이 해외여행을 다닐 수 있게 됐어요.

男A 今度京都に行くんだ！！

女B いいな〜。京都！

男A よくないよ。日帰りの出張で行くんだから。

女B え〜、せっかくの京都なのに、トンボ帰りじゃつまんないね。

남A 이번에 교토에 가게 됐에!!

여B 좋겠다. 교토!

남A 좋긴. 당일치기 출장으로 가는 거라.

여B 어머, 좋은 기회인데, 당일치기로 다녀오긴 좀 그렇다.

- だいぶ 꽤, 상당히   ● 激安(げきやす)、格安(かくやす) 초저가

#035 일교차가 심할 때는 감기 조심하세요!

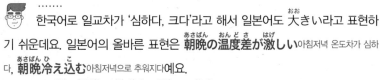

<ruby>朝<rt>あさ</rt></ruby><ruby>晩<rt>ばん</rt></ruby><ruby>冷<rt>ひ</rt></ruby>える

....

한국어로 일교차가 '심하다, 크다'라고 해서 일본어도 <ruby>大<rt>おお</rt></ruby>きい라고 표현하기 쉬운데요. 일본어의 올바른 표현은 <ruby>朝<rt>あさ</rt></ruby><ruby>晩<rt>ばん</rt></ruby>の<ruby>温<rt>おん</rt></ruby><ruby>度<rt>ど</rt></ruby><ruby>差<rt>さ</rt></ruby>が<ruby>激<rt>はげ</rt></ruby>しい아침저녁 온도차가 심하다, <ruby>朝<rt>あさ</rt></ruby><ruby>晩<rt>ばん</rt></ruby><ruby>冷<rt>ひ</rt></ruby>え<ruby>込<rt>こ</rt></ruby>む아침저녁으로 추워지다예요.

예를 들어, <ruby>秋<rt>あき</rt></ruby>は<ruby>朝<rt>あさ</rt></ruby><ruby>晩<rt>ばん</rt></ruby>の<ruby>温<rt>おん</rt></ruby><ruby>度<rt>ど</rt></ruby><ruby>差<rt>さ</rt></ruby>が<ruby>激<rt>はげ</rt></ruby>しい<ruby>時<rt>じ</rt></ruby><ruby>期<rt>き</rt></ruby>です。가을은 일교차가 심한 시기예요.라고 표현해요.

일교차가 심할 땐 건강이 나빠지면서 몸 상태가 안 좋아질 수 있겠죠. 이 경우에도 한국 표현 그대로 <ruby>体<rt>からだ</rt></ruby>が<ruby>悪<rt>わる</rt></ruby>くなる라고 하지 않고, <ruby>体<rt>たい</rt></ruby><ruby>調<rt>ちょう</rt></ruby>が<ruby>悪<rt>わる</rt></ruby>くなる, <ruby>体<rt>たい</rt></ruby><ruby>調<rt>ちょう</rt></ruby>を<ruby>崩<rt>くず</rt></ruby>す라고 해요. '몸이 아프다'라는 표현을 우리식 표현대로 <ruby>体<rt>からだ</rt></ruby>が<ruby>痛<rt>いた</rt></ruby>い라고 옮기면 <ruby>体<rt>からだ</rt></ruby><ruby>中<rt>じゅう</rt></ruby>が<ruby>痛<rt>いた</rt></ruby>い전신이 아프다, <ruby>全<rt>ぜん</rt></ruby><ruby>身<rt>しん</rt></ruby><ruby>打<rt>だ</rt></ruby><ruby>撲<rt>ぼく</rt></ruby>전신 타박상을 입었다라는 느낌을 줘요. '몸이 아프다'라고 말하고 싶다면 <ruby>体<rt>たい</rt></ruby><ruby>調<rt>ちょう</rt></ruby>が<ruby>悪<rt>わる</rt></ruby>い, <ruby>調<rt>ちょう</rt></ruby><ruby>子<rt>し</rt></ruby>が<ruby>悪<rt>わる</rt></ruby>い, <ruby>体<rt>たい</rt></ruby><ruby>調<rt>ちょう</rt></ruby><ruby>不<rt>ふ</rt></ruby><ruby>良<rt>りょう</rt></ruby>, <ruby>具<rt>ぐ</rt></ruby><ruby>合<rt>あい</rt></ruby>がよくない로 표현하세요.

한걸음 더

A <ruby>痛<rt>いた</rt></ruby>いです。아파요.
B どこが? どこが<ruby>痛<rt>いた</rt></ruby>いの? 어디가? 어디가 아픈데?

일본에서 痛い는 구체적으로 어디가 아픈지를 말할 때만 써요.

のどが<ruby>痛<rt>いた</rt></ruby>いです。목이 아파요.
<ruby>頭<rt>あたま</rt></ruby>が<ruby>痛<rt>いた</rt></ruby>いです。머리가 아파요.

- 最近、朝晩の温度差が激しいので、風邪などを引かないように気を
  つけてください。

  요즘 아침저녁으로 일교차가 심하니까 감기 걸리지 않도록 조심하세요.

- 今日は体調が悪いので休ませていただきます。

  오늘은 몸이 좋지 않아 쉬고 싶습니다.

- このごろ疲れがたまって、体の具合が良くないんだ。

  요즘 피로가 쌓여 몸 상태가 좋지 않아.

母 　最近風邪、流行ってるんだってよ。

娘 　そうみたい。朝晩冷えるからね～。今日、何着てこうか、外寒いかな?

母 　これ着て行って暑ければ脱げば?

娘 　うーん。でも、重ね着したら見た目が…。

母 　そんなの気にしてどうすんの。風邪を引いたら元も子もないでしょ。

娘 　はいはい。

엄마 　요즘 감기가 유행한다던데.

딸 　그런가 봐. 아침저녁으로 일교차가 심하니까~. 오늘 뭐 입고 가지, 바깥이 추울려나.

엄마 　이거 입고 가서 더우면 벗는 게 어때?

딸 　그치만 껴입으면 스타일이 안 살잖아.

엄마 　지금 그런 거 따질 때야. 감기 걸리면 본전도 못 찾을 거면서.

딸 　아, 네.

- たまる 쌓이다　　• 重(かさ)ね着(ぎ) 옷을 여러 벌 껴입음
- 元(もと)も子(こ)もない 원금도 이자도 없어지다. 모든 것을 잃다

#036 한국인이 틀리기 쉬운 일본어 3탄!

がくねん
学年

일본어는 문법과 어순이 한국어와 비슷해서 한국 사람들이 일본어를 공부할 때 다른 언어보다 분명 유리해요. 하지만 일본어 역시 엄연한 외국어라는 사실을 잊지 마세요. 두 언어의 닮은 듯 다른 요소들이 곳곳에 있을 수 있으니 너무 쉽다고만 생각하지 말고 확실히 공부해 두세요.

일 년 단위로 구분한 학교 교육의 단계를 '학년'이라고 하죠. 일본에서 몇 학년인지를 나타낼 때는 한국어 표현과 달리 **1年生**이치넹세- , **2年生**니넹세- 등으로 표현해요.

또, 대학 또는 대학원에서 학생의 학과 이수를 계산하는 단위인 학점은 한자 그대로 学点이라고 말하기 쉬운데요. 일본에서는 **単位**라고 한다는 것도 기억해 두세요.

한걸음 더

- **単位(たんい)を取(と)る** 학점을 따다
- **単位(たんい)を落(お)とす** 학점을 못 따다
- **単位(たんい)が足(た)りない** 학점이 부족하다
- **小学生(しょうがくせい)** 초등학생
- **中学生(ちゅうがくせい)** 중학생
- **高校生(こうこうせい)** 고등학생
- **大学生(だいがくせい)** 대학생
- **学生(がくせい)** 학생, 특히 대학생
- **生徒(せいと)** 학생, 특히 중학생과 고등학생
- **児童(じどう)** 어린이, 특히 초등학생

• 学年が上がる毎に勉強が難しくなり、だんだんついていくのが大変になる。

학년이 올라갈 때마다 공부가 점점 어려워져 따라가기가 벅차다.

• 必須科目の単位がとれなくてヤバイかもしれない。

필수과목 학점을 못 따서 불안불안하다.

이런 대화가 오가요

女A 今度も学年トップは山田くんだって。

女B やっぱり。

女A スポーツもできるし…。

女B ホント羨ましいよ。

女A 残念なのは背だね。

女B そうだね。もうちょい背が高ければ、完璧だったのにね。

여 A 이번에도 전교 1등은 야마다래.

여 B 역시!

여 A 운동도 잘하고….

여 B 진짜 부럽다.

여 A 빠지는 건 키구나.

여 B 그래. 키만 좀 더 컸더라면 완벽했을 텐데 말야.

• だんだん 점점   • ちょい 좀, 조금, 잠깐(속어)

#037 아는 만큼 보이는 일본의 유통기한 표시!

<ruby>賞<rt>しょう</rt></ruby><ruby>味<rt>み</rt></ruby><ruby>期<rt>き</rt></ruby><ruby>限<rt>げん</rt></ruby>

賞味期限

....
일본의 유통기한 표시는 두 가지로 나뉘어요.

맛있게 먹을 수 있는 기간을 의미하는 **賞味期限**상미기한과 상하기 쉬운 음식의 유통기한을 나타내는 **消費期限**소비기한이죠. 소비자 입장에서는 두 가지가 구분이 잘 안 되어 착각하기 쉬우니 주의해야 해요.

賞味期限은 품질이 어느 정도 보장되므로 기간 안에 먹으면 맛있게 먹을 수 있다는 뜻이에요. 예를 들어 햄이나 캔, 컵라면 등 쉽게 상하지 않는 음식이 여기에 해당되겠죠. 이런 제품들은 기한이 좀 지나도 먹을 수 있어요.

반면 消費期限은 안전하게 먹을 수 있는 기한을 뜻해요. 제조한 지 5일 정도 지나면 먹기 힘들어지는 음식들, 예를 들어 도시락, 빵, 채소 등은 消費期限 날짜를 체크하고 기한 지난 제품은 되도록 먹지 않는 게 좋아요.

한걸음 더

- **賞味期限(しょうみきげん)切(ぎ)れ** 유통기한이 지난 제품
- **もったいない** 아깝다
- **開(あ)ける** 열다
- **開封(かいふう)する** 개봉하다
- **長持(ながも)ちする** 오래가다
- **腐(くさ)る** 상하다
- **冷蔵庫(れいぞうこ)に保管(ほかん)する** 냉장고에 보관하다
- **冷凍庫(れいとうこ)に保管(ほかん)する** 냉동실에 보관하다

- 賞味期限は開封してない場合のことだから、開けたら早く食べなきゃならない。

  유통기한은 개봉하지 않았을 때가 기준이므로, 개봉했다면 빨리 먹어야 한다.

- 実家の冷蔵庫を開けると賞味期限切れのものが沢山入ってる。

  부모님 댁 냉장고를 열어 보면 유통기한 지난 제품들이 많이 들어 있다.

이런 대화가 오가요

娘 ねえ、この牛乳、賞味期限ヤバくない?

母 あ、忘れてた。昨日までだった。

娘 どうする? 捨てちゃう?

母 何言ってんの! もったいない。

娘 じゃ、今日の夕飯、シチューにする!?

母 そうしよっか!

딸 엄마, 이 우유 유통기한 지난 거 같은데?
엄마 어머, 깜빡했다. 어제까지였는데 말야.
딸 어떡해? 그냥 버릴까?
엄마 얘는 무슨 소릴 하는 거야! 아깝잖아.
딸 그럼, 오늘 저녁 메뉴 스튜로 할까?
엄마 그래, 그러자!

#038 　忙しい 이외의 '바쁘다'라는 표현!

<ruby>忙<rt>いそが</rt></ruby>しい

．．．．．．．
여러분 혹시 '바쁘다 바빠!'를 연발하며 살고 계시진 않나요?

요즘 제가 만나는 사람들에게 어떠냐 물으면 한결같이 바쁘다고 하네요. 일본어로 '바쁘다'는 <ruby>忙<rt>いそが</rt></ruby>しい이소가시이라고 해요. 이 말 이외에 바쁘다라는 뜻을 가진 표현을 좀 더 알아볼까요.

<ruby>猫<rt>ねこ</rt></ruby>の<ruby>手<rt>て</rt></ruby>も<ruby>借<rt>か</rt></ruby>りたい。	너무 바빠서 고양이의 손이라도 빌리고 싶다.
<ruby>目<rt>め</rt></ruby>が<ruby>回<rt>まわ</rt></ruby>るほど<ruby>忙<rt>いそが</rt></ruby>しい。	눈이 돌아갈 정도로 바쁘다.
<ruby>目<rt>め</rt></ruby>が<ruby>回<rt>まわ</rt></ruby>るような<ruby>毎日<rt>まいにち</rt></ruby>	눈이 돌아갈 것 같이 바쁜 날들
<ruby>忙<rt>いそが</rt></ruby>しくて<ruby>手<rt>て</rt></ruby>が<ruby>回<rt>まわ</rt></ruby>らない。	바빠서 (다른 일에) 손을 댈 수가 없다.
バタバタする	분주하게 움직이거나 바쁜 상태
イライラする	마음이 진정되지 않고 불안하거나 초조한 상태
<ruby>時間<rt>じかん</rt></ruby>に<ruby>追<rt>お</rt></ruby>われる	시간에 쫓기다

한걸음 더

<ruby>師走<rt>しわす</rt></ruby> 섣달

師走는 12월을 의미하는데, 연말에는 師(し)스승가 走(はし)り 回(まわ)る바빠서 뛰어다닌다라는 것에서 12월을 의미하는 말이 되었다고 해요.

- 師走の街はみんな年越しの準備に追われ、大忙しです。

12월이면 마을 전체가 묵은 해를 보내고 새해 맞을 준비를 하느라 무척 바빠요.

- 忙しいという漢字は心が亡ぶと書きます。だから、忙しい時ほど心に余裕を持ちましょう。

'忙(바쁠 망)'이라는 글자는 마음 心(심) 변에 망할 망(亡) 자를 쓰고 있어요. 그러니 바쁠 때일수록 마음의 여유를 가져 보세요.

女A　最近どう？　忙しい？

女B　うん。毎日バタバタよ。

女A　そうだ。仕事始めたって言ってたよね。

女B　そう。子供の手も離れたし…。

女A　そうか。でも、仕事と家事の両立って、すごく大変でしょ？

女B　ほんと。毎日時間に追われっぱなしよ。

여A　요즘 많이 바빠?

여B　응. 맨날 정신없어.

여A　맞다, 일 시작했다고 했었지?

여B　응. 아이도 많이 컸고 해서….

여A　그랬구나. 하지만 일과 집안일 병행하는 거 굉장히 힘들 텐데?

여B　정말 그래. 날마다 시간과의 싸움이야.

- 大忙(おおいそが)し 매우 바쁜 모양　● 亡(ほろ)ぶ 망하다

#039 물에 관련된 다양한 일본어 표현!

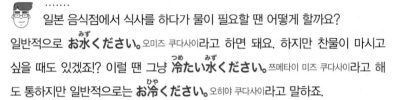

....
일본 음식점에서 식사를 하다가 물이 필요할 땐 어떻게 할까요?

일반적으로 **お水ください。**오미즈 쿠다사이라고 하면 돼요. 하지만 찬물이 마시고 싶을 때도 있겠죠!? 이럴 땐 그냥 **冷たい水ください。**쯔메타이 미즈 쿠다사이라고 해도 통하지만 일반적으로는 **お冷ください。**오히야 쿠다사이라고 말하죠.

그렇다면 뜨거운 물이 필요할 땐 뭐라고 해야 할까요?

暖かいお水ください。아타타카이 오미즈 쿠다사이 / **熱いお水ください。**아츠이 오미즈 쿠다사이라고 해도 통하지만 일본에서는 뜨거운 물이나 따뜻한 물은 **お湯**오유라고 표현하니까 **お湯ください。**오유 쿠다사이라고 하면 돼요.

참, 물보다 차를 더 좋아하는 분이라면 **お茶ください。**오챠 쿠다사이라고 주문해 보세요.

그럼, 여기서 문제 하나!

너무 뜨겁지도 차갑지도 않은, 미지근하면서도 조금 따뜻한 마실 물은 뭐라고 표현할까요? 바로 **お白湯**오사유라고 해요. 특히 お白湯는 끓여서 식힌 물로 약을 먹기에 적당한 온도라고 하니 꼭 기억해 두세요.

한걸음 더

- **お湯(ゆ)を沸(わ)かす** 물을 끓이다
- **お湯(ゆ)が沸(わ)く** 물이 끓다
- **熱湯(ねっとう)** 열탕(뜨거운 목욕탕)
- **湯冷(ゆざ)まし、お白湯(さゆ)、白湯(さゆ)** 백탕(아무것도 섞지 않고 끓여 식힌 물)

이런 말을 자주 해요

● すみません、お水ください。

여기요, 물 좀 주시겠어요.

● 薬を飲みますから、お白湯いただけますか?

약 먹으려고 하는데, 백탕(맹물 끓인 것) 좀 주시겠어요?

이런 대화가 오가요

妻　　　　ねえ、子どもにミルクあげるから、ぬるいお湯、準備して。

韓国人夫　えっ、ぬるいお湯? ぬるい水じゃないの?

妻　　　　熱くないお湯がぬるいお湯で、冷たくない水がぬるい水な

　　　　　の。 わかった?

韓国人夫　や〜 日本語って難しいな。

妻　　　　そんなのいいから、早くぬるいお湯、持ってきてちょうだい。

韓国人夫　はい、はい。

아내　　　　　여보, 아기 분유 좀 주게 ぬるいお湯 좀 챙겨 줘요.
한국인 남편　뭐, ぬるいお湯? ぬるい水 아니었어?
아내　　　　　끓인 물 식힌 게 ぬるいお湯고, 그냥 차갑지 않은 물이 ぬるい水잖아요. 알겠죠?
한국인 남편　야〜 일본어가 참 어렵구나!
아내　　　　　아무튼 그러고 있지 말고 얼른 ぬるいお湯 좀 갖다 줘요.
한국인 남편　네, 분부대로 합죠!!

#040　무에 푹 빠진 일본인!

大根
だい こん

....

　겨울이면 따끈한 음식이 절로 생각나는데요. 일본에서는 날씨가 추워지면 편의점에서 어묵을 팔기 시작해요. 일본의 편의점 어묵이 인기 메뉴라는 건 다들 아실 거예요. 어묵의 종류도 무척 다양하고 맛있는데, 그 중에서도 일본인들이 좋아하는 재료는 大根^{だいこん}무이에요. 편의점 어묵 하면 大根이라고 할 정도로 어묵 국물 맛이 배인 무를 좋아한답니다.

　또, 어묵으로 된 무 말고도 일본인들이 좋아하는 무 요리는 大根^{だいこん}おろし다이콩오로시예요. 일본 음식을 먹을 때 접시에 곁들여 나오는 무즙은 생선의 비린 맛을 없애 주고, 튀김이나 고기 같은 기름진 음식의 소화를 도와 위의 부담을 덜어 준다고 해요.

한 걸음 더

- 味(あじ)しみ大根(だいこん) 맛이 배어 있는 무
- 大根(だいこん)の煮物(にもの) 무를 간장, 설탕 베이스의 국물로 졸인 것
- 大根(だいこん)ステーキ 무 스테이크
- 大根(だいこん)おろし 무즙
- 大根足(だいこんあし) 무다리
- 大根役者(だいこんやくしゃ) 연기가 서툰 연기자

- 私は大根の煮物には目がないのよ。

  난 무조림을 정말 좋아해.

- やっぱり秋刀魚のような脂っこい魚には、大根おろしが合うよね。

  역시 꽁치 같은 기름진 생선에는 무즙이 잘 어울리지.

妻　今日の夕飯、何食べたい？

夫　そうだな。大根の煮物がいいな。

妻　また、大根？ そんなにいつも食べて飽きないの？

夫　全然大丈夫だよ。

　　あ、そうだ。今日は豚バラ大根にしてくれる？

妻　そう。じゃ、材料、買ってくるね。

아내　오늘 저녁 뭐 먹고 싶어?

남편　글쎄… 무조림이 좋겠네.

아내　또 무조림? 그렇게 맨날 먹으면 안 질려?

남편　전혀 안 질려. 참, 오늘은 돼지고기 무조림으로 해 줄래?

아내　그래. 그럼, 재료 사올게.

- 目(め)がない 열중하다, 매우 좋아하다　● 煮物(にもの) 조림　● 豚(ぶた)バラ 삼겹살

#041 더위를 타다, 추위를 타다를 일본어로는?

暑_{あつ}がり・寒_{さむ}がり

....
여러분은 더위를 많이 타시나요, 추위를 많이 타시나요?

저는 땀이 많은 체질이라 더위를 많이 타는 편이에요. 추운 겨울에는 옷이라도 껴입고 다니면 어찌어찌 해결이 되는데, 더운 여름엔 덥다고 다 벗고 다닐 수 없어 여간 곤란한 게 아니거든요.

저처럼 더위를 많이 타는 사람을 일본어로는 暑_{あつ}がり 아츠가리라고 해요. 반대로 추위를 많이 타는 사람은 寒_{さむ}がり 사무가리라고 하죠. 또, 여성들에게 많이 나타나는 손발이 차가운 증상인 수족냉증은 冷え性_{ひ しょう} 히에쇼-라고 해요.

寒(さむ)がる 추위를 타다 → **寒(さむ)がり** 추위를 타는 사람

暑(あつ)がる 더위를 타다 → **暑(あつ)がり** 더위를 타는 사람

彼_{かれ}は寒_{さむ}がりだ。 그는 더위를 많이 타는 사람이다.

彼_{かれ}がすごく寒_{さむ}がるので、上着_{うわ ぎ}を貸_かしてあげた。
그가 추위를 너무 많이 타서 겉옷을 빌려줬다.

한걸음 더

- 汗(あせ)かき 땀을 흘리기 쉬운 체질
- 汗臭(あせくさ)い 땀 냄새가 나다
- 厚着(あつぎ)をする 두꺼운 옷을 입다
- 霜焼(しもや)け 동상

• 友達は大変な寒がり屋で、冬はめったに外に出ないんだ。

진짜 추위를 많이 타는 내 친구는 겨울이면 좀처럼 집 밖으로 나오질 않는다.

• 暑がりの人には、日本の夏はクーラーなしでは耐えられないよね。

더위 많이 타는 사람은 에어컨 없이 일본의 여름을 날 순 없을 거야.

이런 대화가 오가요

女A おはよ〜。あれ、どうしたの、そんなに厚着して。

女B もう寒くて…。今日はもう完全に冬ね。

女A 確かに急に気温が下がったけど…。
でも、冬っていうのはまだちょっと早いんじゃない?

女B 私、寒がりなの。だから、準備は万全に。

女A 「備えあれば憂いなし」ってやつだね。

여A 안녕! 어머, 웬일이야, 그렇게 껴입고.

여B 벌써 춥길래… 오늘은 완전 겨울 날씨야.

여A 갑자기 기온이 떨어지긴 했지만, 아직 겨울이라기엔 좀 이르지 않아?

여B 내가 추위를 많이 타는 편이야. 그래서 단단무장했지.

여A 그래, 유비무환이라 이거지?

• めったに 거의, 좀처럼   • 耐(た)える 견디다   • 備(そな)える 준비하다, 갖추다

#042　부모와 자식이 만나 오야코동이라고?

親子丼
おや こ どん

親子丼오야코동은 부모를 뜻하는 親오야와 자식을 뜻하는 子코라는 단어가
おやこどん　　　　　　　　　　　　　　　　　　　おや　　　　　　　　　　　　　　　　こ
합쳐진 말이에요. 보통의 오야코동은 닭고기와 달걀이 들어간 요리인데요, 닭고
기와 달걀만 쓰지 않고 연어와 연어알, 오리고기와 달걀 등 다양한 조합의 오야
코동도 있어요.

특히 간사이 지방에서는 오리고기와 달걀이 들어간 오야코동을 **いとこ丼**이토코동
　　　　　　　　　　　　　　　　　　　　　　　　　　　　　　　　　　　　　どん
이라고 불러요. いとこ는 사촌이라는 뜻이죠^^

한걸음 더

다양한 조합의 오야코동
- **鴨肉(かもにく)** 오리고기
- **鶏肉(とりにく)** 닭고기
- **サケ、サーモン** 연어
- **いくら** 연어알

오야코동의 레시피에 나오는 말
- **材料(ざいりょう)** 재료
- **一人分(ひとりぶん)** 일인분
- **鍋(なべ)** 냄비
- **調味料(ちょうみりょう)** 조미료
- **一口大(ひとくちだい)に切(き)る** 한입 크기로 썰다
- **火(ひ)を通(とお)す** 잠깐 열을 가하다
- **弱火(よわび)** 약불 → **中火(ちゅうび)** 중불 → **強火(つよび)** 강한 불
- **溶(と)き卵(たまご)も加(くわ)える** 물에 푼 달걀
- **蓋(ふた)をする** 뚜껑을 덮다
- **煮(に)る** 조리다
- **器(うつわ)に盛(も)る** 그릇에 담다
- **出来上(できあ)がり** 완성

- 親子丼って手軽に作れる料理だよね。

  오야코동은 간단하게 만들 수 있는 요리야.

- 親子丼は卵だけで作れば玉子丼、鶏肉の代わりに牛肉や豚肉を使え
  ば他人丼になるんだよ。

  오야코동은 달걀만으로 만들면 타마고동, 닭고기 대신 소고기나 돼지고기로 만들면 타닌동이 돼.

男 お腹空いたな。何か食べるものある？

女 う～ん。作らないとないな。

男 そっか。どうする？

女 そうだな、親子丼でよかったら、すぐ作れるけど。

男 えっ、親子丼？ いいじゃん、頼むよ。

女 わかった。今作るから待ってて。

남 아, 배고파. 먹을 거 좀 있어?

여 음～ 만들어 둔 게 없는데.

남 그래. 어떡할래?

여 그러게. 오야코동이라면 금방 만들어 줄 수 있는데.

남 오야코동? 좋아. 만들어 줘.

여 알았어. 금방 해 줄 테니까 기다려.

- 手軽(てがる)に 손쉽게, 가볍게   • 頼(たの)む 부탁하다

#043 **날씨를 맑게 해 주는 마법의 눈사람 인형(?)**

てるてる坊主

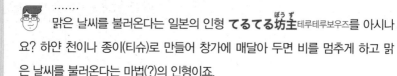

맑은 날씨를 불러온다는 일본의 인형 **てるてる坊主**테루테루보우즈를 아시나 요? 하얀 천이나 종이(티슈)로 만들어 창가에 매달아 두면 비를 멈추게 하고 맑 은 날씨를 불러온다는 마법(?)의 인형이죠.

요즘에도 운동회 소풍을 앞둔 아이들은 테루테루보우즈를 매달아 놓고 맑은 날씨를 소원한다고 하네요.

어떤 지역에서는 테루테루보우즈를 거꾸로 매달아 두면 비가 온다고 믿는다 는군요. 이때는 **ふれふれ坊主**후레후레보우즈, **あめあめ坊主**아메아메보우즈라고 부르면 서요.

한걸음 더

- **風習(ふうしゅう)** 풍습
- **布(ぬの)** 천
- **人形(にんぎょう)** 인형
- **吊(つ)る** 매달다
- **逆(さか)さに吊(つ)るす** 거꾸로 매달다
- **運動会(うんどうかい)** 운동회
- **迷信(めいしん)** 미신
- **信(しん)じる** 믿다

- **晴(は)れ** 맑음
- **紙(かみ)** 종이
- **窓際(まどぎわ)** 창가
- **吊(つ)るす** 달아매다, 매달다
- **黒(くろ)く塗(ぬ)る** 까맣게 칠하다
- **遠足(えんそく)** 소풍
- **おまじない** 주술, 주문
- **願(ねが)い** 소원

● てるてる坊主てる坊主、明日天気にしておくれ（♪ ♩ ♬ うた）

테루테루보우즈 테루보우즈, 내일 날씨를 맑게 해 주길~（♪ ♩ ♬ 노래）

● 雨が降ってほしい時は、逆さに吊るすか、黒く塗ればいいんだ。

비가 내리길 바랄 때는 거꾸로 매달거나 까맣게 칠하면 돼.

韓国人 これ何？

日本人 てるてる坊主よ。晴れてほしい時、窓際に吊るすの。

韓国人 えっ、そんな迷信、信じてるの？

日本人 信じてるっていうか、ただのおまじないね。

韓国人 で、何で明日晴れてほしいの？

日本人 明日はサークルの皆とハイキングに出かけることになってて。
雨だと中止になっちゃうからね。

한국인 이게 뭐야?

일본인 테루테루보우즈야. 날씨가 맑기를 바랄 때 창가에 매달아 놓는 거야.

한국인 뭐, 그런 미신을 믿는 거야?

일본인 믿는다기보단 그냥 주문 같은 거지.

한국인 근데 왜 내일 날씨가 맑았으면 하는 거야?

일본인 내일 동아리 사람들하고 하이킹 가기로 해서. 비가 오면 취소되잖아.

#044 손님을 불러 모으는 고양이, 마네키네코!

招き猫
まね　ねこ

일본 음식점 입구에 **招き猫**마네키네코라는 고양이 모양의 장식을 본 적이 있으시죠. 마네키네코가 오른손을 들고 있는 경우에는 금전적으로 운세를 좋게 하고, 왼손을 들고 있는 경우에는 손님을 불러들인다고 해요. 그럼, 마네키네코가 양손을 다 들고 있다면? 금전적으로도 좋아지고 손님도 많아지겠죠. 하지만 양손을 다 올리고 있는 마네키네코를 보면 일본인들은 **欲張り**욕심쟁이라고 생각해서 별로 반기지 않는다고 해요.

일반적으로 마네키네코는 전체적인 행운을 가져다주는 **三毛猫**삼색 마네키네코가 가장 인기 있는데요. 요즘에는 애정운을 불러온다는 핑크색 마네키네코, 학업운을 좋게 해 주는 파랑색 마네키네코, 액막이를 해 준다는 검은색 마네키네코 등 다양한 색깔의 마네키네코가 있어요.

참, **岡山**오카야마와 **愛知**아이치에는 각각 마네키네코 미술관과 뮤지엄이 있다니 마네키네코에 관심 있으신 분들은 꼭 한 번 들러 보세요.

한걸음 더

마네키네코의 날

매년 9월 29일은 마네키네코의 날이에요. 9월 29일이면 **三重県**미에현, **伊勢市**이세시, **おかげ横丁**오카게요코초에서는 형형색색의 마네키네코 축제가 열려요. 마네키네코가 행운을 부르는 고양이라서 '오는 복'이라는 뜻의 일본어 **来る福**쿠루 후쿠에서 9월 29일로 정했다고 하네요.

来(く)る福(ふく)
9　　29

- お店の前の猫の置きものを見れば、日本人がいかに猫好きなのかが
わかる。

  가게 앞 마네키네코를 보면 일본인이 고양이를 얼마나 좋아하는지를 알 수 있다.

- 商売繁盛の招き猫をゲット。

  장사가 잘 되게 해 주는 마네키네코를 얻었다.

이런 대화가 오가요

日本人　招き猫って知ってる？

韓国人　マネキン猫？

日本人　マネキン猫じゃなくて、招き猫よ。
　　　　店の前なんかでよく見かけない？ 片手をあげた猫？

韓国人　そう言えば、あったよね、猫。

日本人　でしょ。お客さんをお店に招く猫だから、招き猫。

韓国人　なるほど。そんな意味があるんだ。

일본인　마네키네코라고 알아?

한국인　마네킹 네코?

일본인　마네킹 네코가 아니라 마네키네코라니까.
　　　　가게 앞 같은 데 많이 있는데 못 봤어? 한쪽 손 든 고양이 말야?

한국인　그러고 보니 있었던 것 같다. 고양이가.

일본인　거봐. 손님을 가게로 초대하는 고양이라서 마네키네코야.

한국인　아하. 그런 의미가 있었구나.

- ゲット 얻다, 갖다　● 見(み)かける 눈에 띄다　● 招(まね)く 손짓하여 부르다, 초대하다

#045   일본의 자전거 문화!

自転車
じ てんしゃ

    ······
    자전거! 일본 생활의 필수품이 아닐까요.

일본은 생활 자전거의 대국이라고 할 수 있어요. 일본에서 자전거를 많이 타는 이유 중 하나는 아무래도 비싼 교통비 때문일 거예요. 아시다시피 일본은 교통비가 상당히 비싼 편이에요. 버스, 전철, 택시 모두 한국의 요금에 비해 2배 이상이라고 생각하시면 돼요. 더구나 한국과 같은 환승 할인도 없고, 전철마다 회사가 달라 오히려 환승할 때 요금을 더 내야 하는 시스템이죠. 자전거 인구가 많을 수밖에 없는 이유가 이해되시죠.

자전거 이용률이 높은 만큼 교통 법규도 엄격해요. 일본에서 자전거를 탈 때 교통 법규를 지키지 않으면 교통비 아끼려다 벌금을 더 물어야 하는 상황이 될 수도 있어요^^ 간혹 심야에 자전거를 타고 다니면 경찰에게 불심검문을 당하기도 하는데요, 너무 걱정 마세요. 일본은 자전거 등록제라 자전거 등록번호만 있으면 도난 자전거 확인이 되니까요. 참, 밤에는 자전거 탈 때 라이트를 꼭 켜세요. 라이트 안 켜면 벌금을 물어야 하거든요.

한걸음 더

- 人口(じんこう) 인구
- 交通費(こうつうひ) 교통비
- 運動(うんどう) 운동
- 職務質問(しょくむしつもん) 검문
- 自転車(じてんしゃ)、チャリンコ、チャリ 자전거
- ママチャリ (엄마가 아이를 태우거나 장을 볼 때 쓰는) 쇼핑용 자전거(속어)
- 登録(とうろく) 등록
- 趣味(しゅみ) 취미
- 警察(けいさつ) 경찰
- 罰金(ばっきん) 벌금

● 自転車の二人乗りって危険だからやめたほうがいいよ。

자전거를 둘이 타는 건 위험하니까 그만두는 게 좋아.

● 自転車のことを俗語でチャリンコって言ったりするんだ。

자전거는 속어로 차링코라고도 한다.

韓国人 日本では自転車に乗る人をよく見かけるけど、どうしてかな。

日本人 そりゃ、便利だからでしょ。

韓国人 確かに便利だけど、危なくない？

日本人 全く安全ってわけではないけど、交通ルールを守ってさえいれば
大丈夫よ。

韓国人 彩加もよく乗るんだ〜。

日本人 もちろんよ。自転車がなかったら生活できないもん。

한국인 일본은 자전거 타고 다니는 사람들이 많은 것 같은데, 왜 그런 거야?

일본인 그야 편하니까 그렇지.

한국인 편한 건 알겠는데 위험하지 않을까?

일본인 전혀 위험하지 않다고 할 순 없지만 교통 법규만 잘 지킨다면 괜찮아.

한국인 아야카 너도 자주 타는구나〜.

일본인 그야 물론이지. 난 자전거 없이는 못 살거든.

● 俗語(ぞくご) 속어 ● 全(まった)く 전혀

#046 합격을 기원하는 일본 과자!

合格祈願のお菓子
(ごうかくきがん)　　　　(かし)

．．．．．．．
수험생들의 합격을 기원하는 선물로 뭐가 좋을까요?

수험생을 상대로 한 얄팍한 상술이라는 논란을 떠나 일본이든 한국이든 수험생에게 좋다는 음식이나 제품이 불티나게 팔리는 건 참 비슷해요. 한국에서는 엿과 찹쌀떡을 주는데, 일본에서는 수험생에게 힘내라고 선물하는 과자가 있어요.

ポッキー
한국의 막대과자 빼빼로와 비슷한 **ポッキー**포키를 선물해요. 일본어로 포키를 거꾸로 하면 **吉報**(きっぽう)킷포라고 해서 좋은 소식이라는 뜻이 되거든요.

コアラのマーチ
나무에서 잠을 자면서도 땅에 떨어지지 않는 코알라도 합격의 아이콘이죠. 코알라처럼 **試験に落**(しけん)(お)**ちない**시험에 떨어지지 않는다라는 뜻으로 **コアラのマーチ**코아라노마-치라는 과자를 선물해요. 우리가 철썩 붙으라고 엿을 선물하는 것과 같은 이치겠네요.

キットカット
킷캣의 일본어 발음이 **キットカット**킷토캇토인데요. 규슈 사투리로 '반드시 이긴다'라는 뜻의 **きっと勝つと**(か)킷토카츠토와 발음이 비슷해 합격 기원 선물로 많이 하고 있어요.

한걸음 더

- **合格祈願(ごうかくきがん)のお菓子(かし)** 합격 기원 과자
- **センター試験(しけん)** 수능 시험
- **合格(ごうかく)する** 합격하다
- **試験(しけん)に受(う)かる** 시험에 붙다
- **試験(しけん)に落(お)ちる** 시험에 떨어지다
- **ゲン担(かつ)ぎ** 행운을 가져다주는 일을 하는 것(좋은 일이 생기도록 어떤 일을 하는 것)

110

● 合格のゲン担ぎお菓子が今年も大人気ね。

합격 기원 과자가 올해도 대박이네.

● 彼が受験生なので無事合格できるよう願いをこめてキットカットを
プレゼントした。

남자친구가 수험생이라서 무사히 합격할 수 있기를 바라며 킷캣을 선물했다.

男 いよいよ明日、センター試験だね。

女 う～ん。今から緊張しちゃう、どうしよう。

男 そうだろうと思ってさ。準備したよ。

　　はい、ポッキー。

女 わぁ～、ありがとう。私のためにわざわざ買ってきてくれたの？

男 とにかく気を落ち着けて、頑張れよ。

女 うん、ありがとう、勇気100倍よ～。

남 드디어 내일이 수능이구나.

여 응. 벌써부터 긴장돼, 어쩌지?

남 그럴 줄 알고 내가 준비했어. 여기, 포키 받아.

여 와, 고마워. 날 위해 일부러 사 온 거야?

남 아무튼 침착하게 잘 해라.

여 그래. 정말 고맙다. 힘이 막 나는데～.

● 落(お)ち着(つ)ける 안정시키다, 진정시키다

#047 일본의 난방 기구 코타츠!

炬燵
こたつ

한국처럼 온돌이 보편적이지 않은 일본에서는 겨울이면 주로 **炬燵**코타츠 라는 난방 테이블을 사용해요. 일본 영화나 드라마에 보면 자주 등장하는데요. 테이블 아래 히터가 달려 있고 이불을 씌워 온기를 막는 구조여서 따뜻하고 아늑한 겨울을 보내기에 딱이죠.

코타츠는 평범한 테이블처럼 생긴 **置き炬燵**오키고타츠와 다리를 내리고 걸터 앉을 수 있게 바닥을 파 놓은 **掘り炬燵**호리고타츠가 있어요. 그리고 코타츠와 세트처럼 따라 다니는 게 바로 **座椅子**좌식의자예요. 자, 등받이 편한 좌식의자까지 준비됐다면 일본에서의 월동 준비는 끝!!

'이불 밖은 위험해!'

겨울이면 이렇게 외치고 싶은 분들 많으시죠!

저는 살짝 바꿔서 '코타츠 밖은 위험해!'라고 외치고 싶네요.

한 걸음 더

- **炬燵(こたつ)** 코타츠
- **置(お)き炬燵(ごたつ)** 이동 가능한 평범한 테이블처럼 생긴 코타츠
- **掘(ほ)り炬燵(ごたつ)** 마루청을 뚫고 묻은 코타츠
- **座椅子(ざいす)** 좌식의자　　　　　● **布団(ふとん)** 이불
- **炬燵(こたつ)に入(はい)る** 코타츠 속에 들어가다　　● **みかん** 귤
- **こたつむり** こたつ(코타츠) + かたつむり(달팽이)의 합성어
- **床暖房(ゆかだんぼう)** 바닥이 따뜻해지는 시스템(한국의 온돌 같은 장치)

- 冬は炬燵に入ってみかんを食べるのが一番だよ。

  겨울엔 코타츠 속에 들어가서 귤을 까 먹는 게 최고야.

- 昔、うちにも掘り炬燵があって、家族だんらん楽しい時間を過ごしたものだ。

  어릴 때 우리 집에도 호리고타츠가 있어서 가족이 단란한 시간을 보내곤 했었다.

息子 せっかくの休みなのに、家ばかりいてつまらないよ。

母 外は寒いし、出かければお金を使っちゃうから家がいいの。

息子 健也んちは家族でディズニーランドに行くって言ってた。

母 人は人、うちはうちよ。

息子 お母さん、一日中炬燵にばかり入ってると、「コタツムリ」になっちゃうよ。

母 あったかくていいよ、「コタツムリ」。亮太もおいで。

아들　모처럼 쉬는 날인데 집에만 있으니까 심심해요.

엄마　밖에 날씨도 춥고 나가면 다 돈인데, 집이 좋지.

아들　겐야네는 온 가족이 디즈니랜드 간다던데.

엄마　겐야네는 겐야네, 우리는 우리야.

아들　엄마, 하루 종일 코타츠에만 들어가 있어서 '코타츠무리' 되는 거 아녜요?

엄마　'코타츠무리'라도 좋다. 따뜻해서 좋기만 한데 뭘. 료타 너도 들어와.

#048 끊이질 않는 일본인의 마스크 사랑!

マスクが好^すきな日本人^{にほんじん}

일본에 여행 가 보신 분들은 잘 아실 텐데요. 일본은 마스크를 착용한 사람들이 유난히 많다는 걸 느끼셨을 거예요. 한국에서는 마스크를 쓰면 아픈 사람 취급을 받는데 말이죠. 물론 요즘 들어 부쩍 심해진 미세먼지 때문에 한국에서도 마스크를 쓰는 분들이 많아지긴 했어요. 이렇듯 호흡기 질환 예방이나 미세먼지 때문에 사용하는 마스크가 일본에서는 하나의 패션 아이템으로 인기를 끌고 있다고 해요. **伊達マスク**다테마스크라는 신조어가 생길 정도로 말이죠. 伊達マスク는 감기에 걸린 것도 아닌데 마스크를 쓰는 사람을 뜻해요. 여기서 伊達는 화려한 옷차림이나 주목을 받는 행동으로 자신을 멋지게 보이는 걸 말해요.

아무튼 일본에서는 마스크가 건강을 위한 일회용 소모품이라기보다는 하나의 패션 아이템에 가까운 것 같네요. 지금도 코디용 액세서리가 부착된 마스크, 작은 얼굴 맞춤형 마스크, 화장이 잘 지워지지 않는 마스크, 안경에 김이 생기지 않는 마스크, 가습 마스크, 향기 마스크 등 소비자의 요구에 부응하는 마스크가 속속 출시되고 있답니다.

한걸음 더

日焼^{ひや}け止^どめ手袋^{てぶくろ}、UVカット手袋^{てぶくろ} 자외선 차단 장갑
일본인은 마스크뿐만 아니라 자외선 차단 장갑에 대한 사랑도 남다르다고 해요. 자동차나 자전거 운전 중에 손이나 팔을 보호하기 위해서죠.

● 最近はファッションマスクが流行りだよ。

요즘은 패션 마스크가 유행이야.

● マスクは風邪の予防としても、花粉症のアレルギーのある人にも必需品なんだ。

마스크는 감기 예방을 위해서도 좋고, 꽃가루 알레르기가 있는 사람에게도 필수품이지.

韓国人　日本ではマスクをしている人がホント多いよね。

日本人　ああ、マスク。風邪やインフルエンザ対策として、マスクの着用が奨励されてるのよ。

韓国人　皆がマスク姿をしてるって、ちょっと異様な感じがして…。

日本人　そうかな。私もよくして出かけるけど。
　　　　私の場合はスッピン隠しによくマスクを使っているけど。

韓国人　いろんな使い方があるんだね。

日本人　そう。ファッションマスクがあるくらいだから。

한국인　일본에는 마스크 쓴 사람이 정말 많아.

일본인　아, 마스크. 감기나 독감에 대한 대책으로 마스크 착용을 장려하고 있어.

한국인　다들 마스크를 쓰고 있는 게 좀 이상해 보여서 말야.

일본인　그런가? 나도 자주 쓰고 다니는데. 내 경우는 쌩얼 감추려고 쓰거든.

한국인　마스크가 여러모로 쓰임새가 있네.

일본인　그래. 패션 마스크가 나올 정도니까.

● 花粉症(かふんしょう) 꽃가루 알레르기　　● 異様(いよう) 이상한 모양
● スッピン 화장을 하지 않은 얼굴(쌩얼)

#049 일본인의 달걀 사랑!

玉子と日本料理
たまご　　　に ほんりょう り

　　…….
일본 드라마나 영화에서 쉽게 볼 수 있는 **卵かけご飯** 타마고카게고항이라
는 음식이 있어요. 일본에서 간단한 아침식사로 즐겨 먹는 달걀밥이죠. Tamago
Kake Gohan을 줄여 TKG라고도 해요. 따끈한 밥 위에 날달걀과 고명을 올려
간장으로 비벼 먹는 음식이에요. 어때요? 벌써 입안에 군침이 도시나요? 나베
요리의 일종인 **すき焼き** 스키야키를 먹을 때도 소스로 고소한 날달걀 물을 찍어 먹
기도 하죠.

일본 음식에는 달걀, 특히 날달걀을 많이 사용해요. 완숙이나 반숙을 즐기는 우
리와 달리 일본에서는 점성과 식감이 살아 있는 날달걀을 선호하는 편이에요.

한걸음 더

- **卵(たまご)、玉子(たまご)** 알, 달걀
- **生卵(なまたまご)** 날달걀
- **ゆで卵(たまご)** 삶은 달걀
- **白身(しろみ)** 흰자
- **黄身(きみ)** 노른자
- **目玉(めだま)焼(や)き** 달걀프라이
- **茶碗(ちゃわん)蒸(む)し** 일본식 달걀찜
- **半熟(はんじゅく)卵(たまご)** 달걀 반숙
- **温泉(おんせん)卵(たまご)** 온천물로 삶은 달걀
- **半熟(はんじゅく)味付(あじつ)け卵(たまご)** 간장 베이스로 절인 반숙란
- **うずら** 메추라기　　● **魚(さかな)** 생선
- **茹(ゆ)でる** 삶다

- 玉子焼きと目玉焼き、どっちにする？

  달걀말이와 달걀프라이, 어느 걸로 할래?

- ゆで卵、固ゆでにする？ それとも半熟がいい？

  삶은 달걀은 완숙이 좋아, 아니면 반숙이 좋아?

韓国人　日本の玉子焼きって甘い味がするね。

日本人　そうよ。砂糖入れてるんだもん。

韓国人　玉子に砂糖入れるの？

日本人　砂糖を入れないこともあるけど…。普通は入れるわよね。

韓国人　へ〜。ちょっとカルチャーショックだな、それ。

日本人　カルチャーショックだなんて、大げさね。

한국인　일본식 달걀말이는 단맛이 나네.

일본인　그래. 설탕이 들어가잖아.

한국인　달걀말이에 설탕을 넣는다고?

일본인　설탕을 안 넣을 때도 있지만…. 보통은 넣거든.

한국인　와〜 그거 살짝 문화 충격인데.

일본인　문화 충격이랄 것까지야, 오버하긴.

- カルチャーショック 문화 충격　　● 大(おお)げさ 과장

#050 일본인들도 숫자 4를 싫어한다?

数字
すうじ

한국에서는 죽을 사(死)와 발음이 같다고 해서 숫자 4를 기피하죠. 일본도 마찬가지예요. 일본어로 숫자 4는 **よん**욘 또는 **し**시라고 읽는데요. し라고 읽으면 死를 일본어로 읽었을 때와 같은 발음이에요. 그래선지 병원이나 아파트에 4호실이 없거나 아예 건물 자체에 4층이 없는 경우도 있죠. 숫자 4를 기피하는 건 우리와 마찬가지네요. 일본에서는 또 하나 싫어하는 숫자가 있어요. 바로 숫자 9! 일본어로 9는 **きゅう**큐 또는 **く**쿠라고 읽는데요. く라고 읽게 되면 괴로움, 고생이라는 뜻의 苦와 발음이 같아요. 당연히 죽음, 괴로움, 고생이라는 말은 기피 대상 1호겠죠.

반면 좋아하는 숫자, 행운의 숫자라고 알려진 건 8이에요. 숫자 8을 한자로 쓰면 八라는 모양인데요, 밑부분이 넓게 퍼져 있어 장래에 번영을 나타내는 뜻이 있다고 해요. 여러분들은 어떤 숫자를 좋아하시나요? 럭키 세븐 7! 세 가지 소원의 3!

한걸음 더

- 縁起(えんぎ)がいい 행운이 따르다
- 縁起(えんぎ)が悪(わる)い 불운이 따르다
- 縁起物(えんぎもの) 좋은 일이 있기를 빌면서 장식해 두는 것
- ラッキー 행운
- 不吉(ふきつ)だ 불길하다

- 日本で8は、丸が二つで角がなく物事が円満にいくとか、漢字で書くと八となり、末広がりで縁起がいいとされている。

  일본에서 8은 동그라미가 2개이고 모난 데가 없어서 일이 순조롭게 풀린다든지 한자로 八라는 모양이 아래가 넓어서 행운이 따른다고 믿는 숫자다.

- 数字は調べてみると面白い。世界には数字にまつわる不思議な偶然が色々ある。

  숫자는 알면 알수록 재미있다. 세상에는 숫자와 관련된 불가사의한 일들이 많이 있다.

女A ねえ、1から10までの数字の中で何が好き?

女B 私? 私は7かな。ラッキーセブンの7。

女C 私は、5かな。5に縁があるんだ。

女A 私はね。4が好きなんだ。

女B えー。4って、死に通じるのに?

女A でも、逆に幸せのシでもあるじゃん。

女C なるほど。四つ葉のクローバーか。

여A 1에서 10까지 숫자 중에서 어떤 숫자를 좋아해?

여B 나? 나는 7이 좋아. 럭키 세븐의 7.

여C 나는 5가 좋은데. 5와 인연이 있어.

여A 난 말야, 4가 좋아.

여B 뭐? 4가 '죽을 사'하고 같은데도?

여A 하지만 幸(しあわせ)의 し도 되잖아.

여C 듣고 보니 그렇네. 행운의 네 잎 클로버란 말이지.

- 円満(えんまん) 원만 - 末(すえ)広(ひろ)がり 점차로 번영하는 일 - 縁起(えんぎ) 재수. 운수

#051   일본인과 술!

日本人とお酒
に ほんじん   さけ

일을 마치고 동료들과 술 한잔으로 스트레스를 푸는 건 한국이든 일본이든 다를 게 없겠죠. 일본에서 술자리를 하다 느낀 건 일본의 술집이 한국보다 일찍 문을 닫는다는 거예요. 물론 늦은 시간까지 영업을 하는 술집도 있지만 대부분은 일찍 닫아 아쉬웠던 기억이 나네요. 또 하나, **終電**슈뎅을 놓칠세라 열심히 뛰던 기억도⋯. 일본에서는 술을 마시다가도 전철 막차 시간에 맞춰 돌아가야 해요. 교통비 비싼 일본에서 막차를 놓치고 택시를 탈 수는 없으니까요. 집으로 돌아가는 **終電** 안은 늘 만원이었어요^^

일본의 회식 문화는 **生ビール**생맥주로 시작해서 **ラーメン**라면으로 마무리된다고 해도 과언이 아니죠. 라면과 함께 따뜻한 녹차물에 밥을 말아 우메보시를 올려 먹는 **お茶漬け**오차즈케도 일본의 대표적인 해장 음식이에요. 회식에서는 **幹事**간사를 맡은 사람이 가게 예약이나 인원 관리 등의 진행을 담당하곤 하는데, 우리의 총무와 비슷해요. 그리고, 일본의 술자리에서 주의해야 할 점이 있는데요. 한국과는 달리 술자리에서 상대방에게 술을 권하지 않고, 술잔 돌리기를 하지 않아요. 건배도 잔을 들 때마다 하는 게 아니라 처음과 마무리 정도에 하죠.

한걸음 더

- 酔(よ)う 취하다   ●車酔(くるまよ)い 차멀미   ●船酔(ふなよ)い 배멀미
- 酔(よ)い止(ど)め、酔(よ)い止(ど)めの薬(くすり) 멀미약
- 飲(の)み会(かい) 회식   ●2次会(にじかい) 2차   ●酔(よ)っ払(ぱら)う 취하다
- 酔(よ)っ払(ぱら)い 취객   ●ほろ酔(よ)い 살짝 취함   ●二日酔(ふつかよ)い 숙취
- 酒癖(さけぐせ) 술버릇   ●酒飲(さけの)み 술꾼

- 昨日、妻から飲み代を減らすようにと言われたんだ。

  어제 아내가 술값 좀 줄이라고 하더라구.

- 韓さんは本当にお酒が強いね。

  한상은 정말 술이 세구나.

- そんなに酒癖が悪いと皆に嫌われちゃうよ。

  그렇게 술버릇이 나쁘면 사람들이 싫어해.

男A 昨日、韓さんとお酒飲んだんだけど、ホントにお酒強いんだよ。

男B そうだろ、オレも一度一緒に飲んだけど、酒の量が半端ないよな。

男A でも、酒癖悪くないから、飲んでて楽しいよ。

男B 確かに。いい酒飲って言うか。

男A 思ったんだけどさ、韓国の人ってお酒を楽しむために飲むっていうより、酔うために飲むって感じだよな。

男B なるほど、それは言えてる。

남A 어제 한상이랑 술 마셨는데, 진짜 술이 세더라.

남B 맞아, 나도 한 번 함께 마신 적 있는데, 술 마시는 게 장난 아니더라구.

남A 하지만 술버릇이 나쁘지 않아서 같이 술 마시면 재미있어.

남B 그건 그래. 좋은 술고래라고나 할까.

남A 가만 보면 한국 사람들은 술을 기분 좋으려고 마시기보단 취하려고 마시는 것 같아.

남B 정말, 그 말이 맞는 것 같아.

- 半端(はんぱ)ない 장난 아니다. 엄청나다

#052 커플티를 싫어하는 일본인?

ペアルック

커플티, 커플링, 커플신발, 커플폰… 여러분은 어떻게 생각하시나요? 누가 봐도 커플임을 알 수 있게 해 주는 물건들을 평소 애용하시나요, 창피하고 어색하다고 생각하시나요? 어쩌다 한국과 일본의 커플들을 비교해 볼 기회가 있었는데요. 개인적으로는 한국의 커플들이 훨씬 적극적이라는 생각이 들었어요. 공개된 장소에서 커플끼리 보이는 스킨십이나 서로 커플 아이템을 착용하고 다니는 모습이 당당해 보이기까지!!!

반면 일본은 한국처럼 적극적으로 커플이라고 알리는 경우가 별로 없어요. 작은 액세서리쯤은 도전할지 몰라도 누가 봐도 커플이라고 생각하는 **ペアルック**커플룩는 찾아보기 힘들죠. 일본의 지인들에게 물어보니 창피해서 커플티 같은 건 도저히 못 입는다고 하더군요^^ 물론 개인적인 차이는 있겠지만, 일본에서는 좋아하는 이성이 생겨도 적극적으로 애정 표현을 하고, 선물 공세로 밀어붙인다거나 하지는 않아요. 그런 적극적인 행동은 상대방에게 부담을 준다고 생각하는 거죠. 심하면 **ストーカー**스토커 취급을 받을 수도 있거든요. 지극히 개인적인 영역이긴 해도 일본의 연애 문화를 조금이나마 이해하는 게 훨씬 도움이 되겠죠^^

한걸음 더

おも
重い
원래 뜻은 '무겁다'이지만, 연애 관계에서는 상대방의 언행이 너무 부담스러울 때도 重い를 써요.

- シンプルなシャツやTシャツがペアルックにぴったりだよ。

심플한 셔츠나 티셔츠가 커플룩으론 딱이야.

- 外でのペアルックはちょっと抵抗があっても、二人っきりなら大丈夫じゃない？

외출할 때 커플룩을 입는 건 좀 거부감이 있지만, 둘만 있을 땐 괜찮지 않아?

彼女　ねえねえ、あのTシャツ、ペアルックにいいんじゃない？

彼　ペアルック？　オレいやだよ、恥ずかしいから。

彼女　古いのね。今じゃカップルのペアルックなんて当たり前なのに。

彼　でも、やっぱ人目が気になっちゃって…。

彼女　やってみようよ。お揃いにすることで一気に仲良し感がUPするんだから。

彼　…。うん。

여자친구　자기야, 저 티셔츠 커플티로 괜찮지 않아?

남자친구　커플티? 난 창피해서 싫어.

여자친구　왜 그렇게 구닥다리야. 요즘은 커플끼리 커플티 입는 거 당연하단 말야.

남자친구　하지만 남들이 보는데 어떻게….

여자친구　우리도 입어 보자. 같이 맞춰 입으면 단박에 사이좋은 커플이라는 느낌이 업된다구.

남자친구　…. 그래.

- ぴったり 꼭, 딱
- 恥(は)ずかしい 부끄럽다
- 当(あ)たり前(まえ) 당연함
- 人目(ひとめ) 남의 눈
- 一気(いっき)に 단숨에

#053 셀카와 카메라로 보는 일본 문화!

自撮りとカメラ
じ ど

최근 트위터, 페이스북, 라인, 미투데이 같은 SNS에 대한 관심이 폭발적이에요. SNS는 특정한 관심이나 활동을 공유하는 사람들 사이의 관계망을 통해 서로를 이해하고 소통하는 공간이죠. 이러한 SNS를 활용하는 문화가 한국과 일본에서 좀 다른 양상을 보이는데요. 한국 사람들은 자신의 사생활이나 사진 등을 스스럼없이 공개하는 반면 일본 사람들은 사생활을 공개하는 데에 어느 정도 거부감을 갖고 있는 것 같아요. 물론 나이나 개인의 성향에 따라 다르긴 하지만, 일본 친구들의 페이스북 등을 보면 대개 자신의 얼굴 사진보다는 배경이나 음식 사진을 주로 올리는 경향이 있어요. 하지만 하루 종일 SNS를 확인하며 **SNS疲れ** _{つか}
피로증후군라는 말이 생길 정도로 누군가의 '좋아요'에 일희일비하는 건 한국이나 일본이나 다름없는 것 같네요.

한걸음 더

- **一眼(いちがん)レフカメラ** DSLR 카메라
- **ミラーレス** 미러리스 카메라
- **自撮(じど)り** 셀카
- **自撮(じど)り棒(ぼう)** 셀카봉
- **ぶれる** 사진을 찍을 때 카메라가 흔들리다
- **手(て)ブレ** 셔터를 누를 때 손이 떨려서 흔들림

- 自撮りでかわいく撮るコツは、角度と位置だよ。

  셀카를 귀엽게 찍는 비결은 각도와 위치 선정이야.

- スマホで写真を撮るときは手ブレに気をつけないとね。

  스마트폰으로 사진을 찍을 때는 손떨림을 조심해야 돼.

- 何この写真、逆光になってるじゃん。

  사진이 이게 뭐야, 역광이잖아.

이런 대화가 오가요

男 何やってるの？

女 見ればわかるでしょ。自撮りしてんの。

男 その写真、SNSにアップするんだろう？

何で女性はそんなに自分の顔を載せたがるんだろうね？

自分の顔に自信持ちすぎなんじゃない？

女 自分に自信があるわけじゃなくて、ないから美意識を高めようと思っ

て撮ってるのよ。

남 뭐 하고 있어?

여 보면 몰라. 셀카 찍잖아.

남 그 사진 SNS에 올릴 거지?

왜 여자들은 자기 얼굴을 그렇게 올리고 싶어 하는 거야?

너무 자기 얼굴에 대한 자신감이 넘치는 거 아냐.

여 내 얼굴에 자신 있어서가 아니라, 오히려 결핍된 미의식을 채워 보려고 찍는 거라구.

- 載(の)せる 게재하다, 올리다 ● 高(たか)める 높이다

#054 눈이 오네요!

ゆき
雪

 ·······
여러분은 눈을 좋아하시나요?

어릴 땐 마냥 좋던 눈이 나이 드니 싫다는 분들도 많으시던데요. 일본의 겨울 여행지로 손꼽히는 **札幌雪祭り** 삿포로 눈축제나 **美瑛町の冬景色** 비에이의 설경을 생각하면 다시 눈이 좋아지실지도···.

사실 일본에는 홋카이도보다 눈이 더 많이 내리는 지역이 있어요. 혼슈 북서부 니가타현, 도야마현이죠. 니가타현은 우리에게도 잘 알려진 가와바타 야스나리의 작품 《설국》의 무대가 되는 눈 고장이기도 해요. 도야마현의 알펜루트는 겨울이면 눈이 하도 많이 와 접근조차 힘들다고 해요. 겨우내 쌓인 눈으로 만든 설벽 여행을 할 수 있는 곳이기도 하구요. 어때요? 다시금 어린 시절로 돌아간 것처럼 눈이 좋아지셨나요?

한걸음 더

- 雪(ゆき)だるま 눈사람
- 雪合戦(ゆきがっせん)、雪投(ゆきな)げ 눈싸움
- 雪崩(なだれ) 눈사태
- 牡丹雪(ぼたんゆき) 함박눈
- 初雪(はつゆき) 첫눈
- みぞれ 진눈깨비

- トンネルを抜けるとそこは雪国であった。(川端康成・雪国)

  터널을 빠져 나오자, 눈의 고장이었다. (가와바타 야스나리 · 설국)

- さっきまで牡丹雪が降っていたけど、今はみぞれに変わった。

  조금 전까지 함박눈이 내리더니 지금은 진눈깨비로 바뀌었다.

- 子供のころは、雪が降るといつも兄弟で雪合戦をしていたものだ。

  어릴 때는 눈이 내리면 항상 형제끼리 눈싸움을 하곤 했다.

이런 대화가 오가요

日本人 わぁ、きれい。初雪だね！

韓国人 えっ。じゃ、早く願い事をしなくっちゃ。

日本人 初雪の時に願い事をすると叶うの？ へ～、それは初耳。

韓国人 そうだよ。初雪の時、告白すれば叶うって言われてるし…。

日本人 やだ、急に告白なんてしないでね。

韓国人 何を一人で勘違いしてるんだろう。

일본인　어머, 예뻐라. 첫눈이네!

한국인　앗, 그럼 어서 소원을 빌어야지.

일본인　첫눈 내릴 때 소원을 빌면 이루어져? 음, 그런 말은 금시초문인데.

한국인　맞아. 첫눈 내릴 때 고백하면 이루어진다고….

일본인　아서라, 갑자기 나한테 고백 같은 거 하지 마.

한국인　대체 혼자 무슨 착각을 하는 거야.

- 叶(かな)う 이루어지다

#055 일본인들이 크리스마스에 먹는 음식은?

クリスマス

．．．．．．．．
크리스마스와 연말 시즌이면, 이벤트는 어떻게? 여행은 어디로?
이런 설렘 반, 고민 반이시죠? 일본에서는 크리스마스가 祝日_{しゅくじつ}휴일가 아니라서 평소와 같은 일상을 보내니 고민이 조금 덜할까요? 휴일은 아니지만 생각보다 거리 곳곳에서 크리스마스 분위기를 물씬 느낄 수 있답니다.

크리스마스에 얽힌 제 개인적인 얘기를 좀 들려 드릴게요.

일본에서 지낼 때 저는 일본의 크리스마스가 좀 특이해 보였어요. 바로 크리스마스에 일본 사람들이 많이 먹는 음식 때문이었죠. 다름 아닌 KFC! 우연찮게도 제가 KFC에서 아르바이트를 했었거든요. 정말이지 크리스마스 시즌엔 온종일 치킨을 튀긴 기억밖에 안 나네요. 사람들이 매장 앞에 몇 시간씩 줄을 서서 기다릴 정도로 치킨이 불티나게 팔렸으니까요. 예약 판매를 시작하면 크리스마스 일주일 전에 일찌감치 마감될 정도였어요.

어쩌다 일본 사람들은 크리스마스에 KFC를 찾게 되었을까요. 듣자 하니, 1970년대 초반 한 외국인이 크리스마스에 일본에서는 칠면조를 먹을 수 없으니 아쉬운 대로 치킨이라도 먹겠다며 KFC를 사 간 데서 유래되었다고 해요. 일본만의 별난 크리스마스 전통이 한국으로 전해지긴 힘들겠네요. 우리에겐 치느님(!)이라고까지 불리는 치킨 브랜드들이 많이 있으니까요!!

한걸음 더

- 神様(かみさま) 하나님
- イエス様(さま) 예수님
- マリア様(さま) 마리아님
- 東方(とうほう)の三博士(さんはかせ) 동방박사 세 사람
- 馬小屋(うまごや) 마구간
- 賛美(さんび)する 찬양하다
- ケンタッキー 프라이드 치킨
- 七面鳥(しちめんちょう) 칠면조

- 10歳になるまで、サンタさんが本当にいると信じていた。

열 살이 될 때까지 산타클로스가 진짜 있다고 믿었다.

- クリスマスが近いから、ツリーとイルミネーションで部屋を飾ろうと思っている。

크리스마스가 다가오니 크리스마스 트리와 전구로 방을 장식하려고 한다.

韓国人 日本ではクリスマスにケンタッキーを食べる人が多いよね。

どうして？

日本人 アメリカでは七面鳥を食べるらしいんだけど、日本じゃなじみが

ないから、その代わりにケンタッキーを食べてるのよ。

韓国人 えっ。そうなの？

日本人 韓国はどう？

韓国人 韓国ではクリスマスの特別な食べ物はないんじゃないかな。

鶏肉はいつでも食べてるし。

日本人 あ、韓国ではビールにはチキンだもんね。チメック！！

한국인 일본에서는 크리스마스에 프라이드 치킨을 먹는 사람들이 많은데, 왜 그래?

일본인 미국에서는 칠면조를 먹는다지만, 일본에서야 익숙한 음식이 아니니까 대신 프라이드 치킨을
먹는 거야.

한국인 아, 그래서 그랬구나?

일본인 한국에서는 뭐 먹어?

한국인 한국은 특별한 크리스마스 음식은 없을 거야. 닭고기는 평소에도 늘 먹는 거고.

일본인 참, 한국에서는 맥주에 치킨이지, 치맥!!

#056 　일본인과 연하장!

年賀状
ねん が じょう

　　……
　일본의 연말연시를 얘기할 때 빼놓을 수 없는 게 있죠. 바로 **年賀状**연하장
ねん が じょう
예요. 휴대폰 메시지나 이메일이 있는 요즘도 일본에서는 종이 연하장을 주고받
아요. 지인들에게 연하장을 보내면서 한 해를 정리하는 게 일본의 오래된 문화거
든요. 제가 아는 분은 몇 백 장이나 되는 연하장을 직접 손으로 써서 보내시더라
구요. 몇 날 며칠 밤을 새워서 말이죠. 물론 요즘은 컴퓨터 프린터로 연하장을 대
량 인쇄해서 보내기도 하고, 젊은 세대들은 휴대폰으로 종이 연하장을 대신하기
도 하죠. 그런데도 연말연시가 되면 일본의 우체국에선 연하장만 전담하는 아르
바이트 인력을 채용하면서 '연하장 전쟁'을 치른다고 해요. 연하장이나 크리스마
스 카드 고르던 때가 가물가물해진 저로서는 이런 전쟁(?)이 살짝 부럽기도 하네
요. 부러우면 지는 거라죠? 부러워만 말고 올해 12월에는 꼭 연하장이나 예쁜 카
드 준비해서 지인들에게 보내자구요!!

한걸음 더

- **忘年会(ぼうねんかい)** 망년회
- **プリンター** 프린터
- **印刷(いんさつ)** 인쇄
- **若者(わかもの)** 젊은이
- **配達(はいたつ)** 배달
- **年末年始(ねんまつねんし)** 연말연시
- **募集(ぼしゅう)** 모집

- 学生時代「家族写真の年賀状なんて絶対送らない」と言ってた私が、今では友人に子供と写った写真の年賀状を送ってる。

  학창시절 '가족 사진 넣은 연하장 같은 건 절대로 보내지 않겠다'고 하던 내가, 지금은 친구에게 아이와 찍은 사진을 넣은 연하장을 보낸다.

- 毎年、年賀状にはその年のえとの絵を書いて送るのが私のこだわりだ。

  해마다 연하장에는 한결같이 그 해의 간지(干支) 그림을 그려서 보내고 있다.

女A ねえ、年賀状書いた?

女B ううん。まだ〜。

女A 早く出さないと元旦に届かないよ。

女B 年賀葉書は買ってあるんだけどね。

女A 25日までに出せば大丈夫じゃない?

女B あと3日か…急いで書かなきゃ!

여 A 연하장 썼어?

여 B 아니, 아직〜.

여 A 얼른 안 보내면 설날에 도착 못 해.

여 B 연하장은 사 뒀는데.

여 A 25일 안에만 보내면 괜찮을걸?

여 B 이제 3일 남은 건데… 서둘러 써야겠다!

- えと 간지 ● こだわり 구애됨 ● 元旦(がんたん) 설날 ● 年賀葉書(ねんがはがき) 연하장 엽서

#057 벼락치기 공부를 일본어로는?

一夜漬け
いちやづ

🧑 ....
여러분은 중요한 일이 있을 때 계획을 세워 진행하는 스타일이신가요? 시간에 임박해 닥치는 대로 해내는 스타일이신가요? 특히 학창시절, 시험 공부 미리미리 열심히 하신 분? 아마 별로 없겠죠. 저 역시 시험 직전에 벼락치기 공부를 많이 했던 것 같아요.

일본어에도 벼락치기 공부를 뜻하는 **一夜漬け**이치야즈케라는 표현이 있어요.
いちやづ

혹시 한국의 김치와 비슷한 일본의 **漬物**쯔케모노를 아시나요? 소금, 식초, 된장 등
つけもの
으로 절인 음식으로, 오래 절이면 절일수록 간이 잘 배어서 맛있어지는데요. 쯔케모노, 하룻밤만 절여서는 맛이 좋을 리가 없겠죠! 그래서 한꺼번에 몰아서 하는 벼락치기 공부를 하룻밤 절인 쯔케모노에 비유해서 一夜漬け라고 해요.

지금 여러분이 결심하신 일본어와 같은 외국어 공부, 절대로 一夜漬け로는 실력이 향상될 수 없다는 걸 명심하세요. 간이 잘 배어들 수 있도록 꾸준히 공부하시기 바랍니다.

한걸음 더

- **ヤマをはる** 출제 예상 부분만을 공부하다
- **ヤマがはずれる** 예상이 빗나가다
- **赤点(あかてん)** 낙제점
- **にわか仕込(じこ)み** 벼락치기 공부

- 昨日、ヤマをはって勉強したところが出たので、今日の試験は楽勝だった。

  오늘 시험은 어제 출제를 예상하고 공부했던 곳이 나와 가뿐하게 봤다.

- 旅行の前ににわか仕込みだけど英会話教室に通った甲斐があった。

  여행 전에 벼락치기긴 했지만 영어회화 학원을 다녔는데 보람이 있었다.

母　あんた、明日試験でしょ!? 勉強してるの?

娘　全然。

母　何開き直ってんのよ?!

娘　大丈夫。今晩すれば…。

母　まったくもう。いつも一夜漬けなんだから。

娘　ま、赤点は取らないから安心してよ…。

엄마　너 내일 시험이잖!? 공부는 하는 거야?

딸　하나도 안 했는데.

엄마　너 대체 뭘 믿고 이러니?!

딸　괜찮아요. 오늘 밤에 하면 돼요.

엄마　내가 못 살아 정말. 늘 벼락치기라니까.

딸　글쎄. 낙제점은 안 받을 거니까 안심하세요.

- 楽勝(らくしょう) 낙승　● 開(ひら)き直(なお)る 정색하고 나서다, 대담하게 나오다

#058 　엄격한 일본의 쓰레기 분리수거!

ゴミの分別
ぶんべつ

일본에서는 연말이 되면 글자 그대로 **大掃除**_{おおそうじ}대청소를 해요. 일반 가정은 물론 학교, 관공서, 회사에서도 구석구석 정리하고 청소를 하죠. 새해를 맞이하여 각자 공간의 묵은 먼지와 액운을 쫓는 대청소가 하나의 풍습으로 자리 잡은 셈이에요.

여기서 청소 하면 떠오르는 게 있죠. 바로 쓰레기 분리수거예요.

일본은 지역별로 쓰레기 분리수거 방법이 조금씩 다른데요. 살고 있는 지역에서 배포해 준 안내 자료를 참고해 분리수거를 하면 돼요. 분리수거에 엄격한 지역에서는 제대로 분리수거가 안 된 쓰레기는 수거해 가지 않는다고도 하네요. 일본에서 생활한다면 본인 지역의 쓰레기 분리수거부터 꼭 숙지해야겠죠^^

한걸음 더

- **ゴミの分別(ぶんべつ)** 분리수거
- **燃(も)えるゴミ** 타는 쓰레기
- **燃(も)えないゴミ、不燃(ふねん)ごみ** 타지 않는 쓰레기
- **乾電池(かんでんち)** 건전지
- **缶(かん)** 캔
- **瓶(びん)** 병
- **ペットボトル** 패트병
- **古着(ふるぎ)** 헌옷
- **リサイクル** 재활용
- **粗大(そだい)ごみ** 대형 쓰레기

● 「今年の汚れ、今年のうちに」、また年末大掃除の季節がやってきた。

'올해의 묵은 먼지는 올해 안에!' 또다시 연말 대청소의 계절이 다가왔다.

● 引っ越しで出た粗大ごみは、まだまだ使えるものが結構ある。

이사하면서 나온 대형 폐기물은 아직 쓸 만한 게 꽤 있다.

妻　ねえ、今日、何曜日だっけ?

夫　今日か? 水曜。

妻　燃えるゴミの日だ。

夫　じゃ、行ってくるよ。

妻　あ、ちょっと待って。
　　ついでにこれ出してってくれる?

夫　急いでるのに…しょうがないな。これか! 行ってきます。

아내　여보, 오늘 무슨 요일이더라?
남편　오늘? 수요일.
아내　타는 쓰레기 내놓는 날이네.
남편　그럼, 다녀올게.
아내　아, 잠깐만 기다려요. 나가는 김에 이것 좀 내놔 줄래요?
남편　시간 빠듯한데… 할 수 없지 뭐. 이건가? 다녀올게.

● ついでに ～하는 김에

#059 일본에서 방 빌리기 꿀팁!

お部屋探し
へ や さ が

　……
　일본 생활을 시작하면서 가장 필요한 건 뭘까요? 바로 집이겠죠!
외국 생활의 고충은 여러 가지가 있겠지만, 그 중에서도 집 문제가 가장 크지 않나 싶은데요. 이번에는 일본에서 집을 구할 때 필요한 정보를 알아볼게요.

일본에서는 인터넷 사이트나 부동산을 통해서 집을 알아보면 돼요. 단, 일본 집의 정보를 보는 방법이 한국과는 좀 다르죠. 2LDK, 1DK, 3LDK 같은 암호처럼 생긴 숫자를 보신 적이 있나요? 앞에 나오는 숫자는 방의 개수, L은 **リビング**거실, D는 **ダイニング**다이닝룸, K는 **キッチン**주방을 나타내요. 방의 크기를 나타낼 때는 **畳(たたみ、じょう)**타타미. 조라는 단위를 주로 쓰죠.

또, 일본에서 방을 구할 때 和室, 洋室라는 말을 많이 듣게 될 텐데요. **和室**와시츠는 다다미로 되어 있는 방이고, **洋室**요-시츠는 서양 스타일로 되어 있는 방을 말해요. 집에 따라 다다미방과 양식 스타일이 모두 있는 곳도 있어요. 참, 和室와 洋室는 일본 호텔이나 료칸 방을 예약할 때도 필요하니 알아 두면 도움이 될 거예요.

그럼, 한국의 전세금, 보증금, 월세 등과 같은 표현은 일본어로 뭐라고 할까요.

敷金시키킨　한국의 보증금과 비슷한 돈이에요. 방세를 못 내거나 집의 일부분이 파손되면 이 돈에서 지불이 되고, 방을 나갈 때 돌려받게 돼요.

礼金레이킨　집을 빌릴 때 집주인에게 주는 돈이에요. 한 번 지불하면 돌려받지 못해요.

家賃야친　매달 내는 방세를 말해요.

보시다시피 일본에서는 초기 이사 비용이 많이 들어가는 편이에요. 당연히 이사를 자주 하기가 힘들죠. 끝으로 일본에서 집을 비워 줄 때는 사용하던 공간을 처음 상태처럼 깨끗이 청소를 해야 한다는 것도 잊지 마세요. 집이 더럽거나 훼손되어 있으면 청소비, 수리비를 지불해야 하거든요.

- 苦くてもいいから駅から近くて安いアパートを探しています。

  낡아도 좋으니 역에서 가깝고 비싸지 않은 아파트를 찾고 있어요.

- 駅から徒歩 10 分の2LDKの賃貸マンション、条件はいいんだけ
  ど、家賃が高いのが問題だ。

  역에서 도보로 10분, 방 2개짜리 월세 아파트로 조건은 좋은데 집세가 비싼 게 문제다.

이런 대화가 오가요

女A　私、実家を出て、一人暮らししようとおもってるんだ。

女B　そうなんだ。

女A　うちからじゃ職場が遠すぎるし…。

女B　親は許してくれたの?

女A　それが問題なんだよね。

女B　なんなら、私と一緒に住む?
　　　私もそろそろ親から自立したいし。

여 A　나, 부모님 집에서 나와서 독립하려구.

여 B　그렇구나.

여 A　집에선 직장도 너무 멀고 해서.

여 B　부모님이 허락하셨어?

여 A　바로 그게 문제야.

여 B　괜찮다면 나랑 같이 살래? 나도 슬슬 엄마 아빠한테서 독립하고 싶은데.

- 賃貸(ちんたい) 임대　● 実家(じっか) 생가, 친정　● 許(ゆる)す 허락하다

#060 일본의 설 음식!

おせち

 ....
일본에서 새해를 맞이하는 풍경은 어떨까요?

한국에서는 설날 온 가족이 다 함께 모여 순수와 장수를 뜻하는 새해 첫 음식인 떡국을 먹죠. 일본도 설날이면 한국의 떡국과 비슷한 **お雑煮**오조-니를 먹어요. 떡을 넣은 국물 요리인데, 지역이나 가정에 따라 넣는 재료가 다양해요.

또, 온 가족이 모여 함께 먹는 음식으로 **おせち料理**오세치 요리를 준비해요. 오세치는 연말에 미리 사거나 만들어 두는데요. 요즘은 가정에서 직접 만드는 일은 드물고, 백화점이나 유명 음식점에서 예약을 받아 판매하고 있어요. 설 연휴 동안 먹는 거라서 국물 없는 조림 요리들로 구성되어 있는데요. 연휴 동안 손님들을 대접할 때 찬합에 담아 내놓아요. 새해를 맞이하면서 먹는 음식이니만큼 오세치 요리의 재료는 나름대로 의미를 담고 있어요. 예를 들어 **海老**새우는 등이 굽어 있고 수염이 있어서 장수를 기원한다는 뜻이고, **昆布巻き**고부마키는 '좋아하다, 기뻐하다'라는 뜻의 일본어 **喜ぶ**요로코부와 발음이 같죠. 그리고, 알을 많이 품고 있다고 해서 자손 번창을 기원하는 뜻에서 **かずのこ**말린 청어 알를 먹어요. 이렇듯 음식 하나하나에 깊은 의미가 담긴 오세치 요리는 일단 눈부터 즐거워지는 음식인데요. 아쉽게도 요즘 일본 젊은이들에게는 그다지 인기가 없다고 하네요.

한걸음 더

- **重箱(じゅうばこ)** 찬합(오세치 요리를 넣어 두는 용기)
- **鏡餅(かがみもち)** 가가미 모치(직역하면 떡거울로 설날에 크기가 다른 둥근 떡 두 개를 겹쳐 놓아 신에게 올리는 것)
- **お屠蘇(とそ)** 도소주(설날에 가족이 모여 앉아 무병장수를 기원하는 의미에서 마시는 술)

- お雑煮とおせち、これを食べないとお正月を迎えた感じがしない。

  오조니와 오세치 요리, 이걸 먹어야 설 분위기가 나는 것 같다.

- 元旦にお餅を喉に詰まらせて病院に運ばれる老人が多い。

  설날 떡을 먹다 목에 걸려 병원에 실려 오는 노인분들이 많다.

- デパ地下のおせちが結構おいしくて人気だそうだ。

  백화점 식품 매장의 오세치 요리가 꽤 맛있어서 인기가 있다고 한다.

娘 今年もおせち、作るの?

母 そうね〜。どうしようか?

娘 栗きんとんと伊達巻は買おうよ。

母 そうしようか。

娘 でも、黒豆はお母さんのがいいな。

母 じゃ、黒豆以外は買っちゃおうか!!

딸 올해도 오세치 요리 만들 거예요?

엄마 그러네. 어떻게 할까?

딸 쿠리킨톤하고 다테마키는 그냥 사요.

엄마 그럴까?

딸 근데 검은콩은 엄마가 만들어 준 게 맛있는데.

엄마 그럼, 검은콩만 만들고 나머지는 다 사지 뭐!!

- 詰(つ)まる 막히다, 메다 ● デパ地下(ちか) 백화점 지하의 줄임말
- 栗(くり)きんとん 밤과 고구마로 만든 설에 먹는 달콤한 밤과자
- 伊達巻(だてまき) 설에 먹는 달콤한 달걀말이

#061　일본의 연말연시 풍경과 하츠모우데!

年越しと初詣
としこ　　　　　はつもうで

일본에서는 **大晦日**오-미소카라고 부르는 섣달 그믐날이 되면 온 가족이 모
おお みそか
여 NHK의 **紅白歌合戦**홍백가합전을 보면서 **年越しそば**도시코시소바를 먹어요. 그
こうはくうたがっせん　　　　　　　　　　　　としこ
리고 새해가 되면 **初詣**하츠모우데를 가죠. 새해 신사나 절을 찾아 한 해의 평안을
はつもうで
기원하는 행사를 初詣라고 해요. 평소 찾는 사람이 별로 없는 동네 신사들도 새
해 첫날과 첫 주는 많은 사람들로 붐빈답니다. 많은 사람들이 신사 등을 방문해
그 해의 모든 일이 잘 풀리도록 기원하러 오거든요.

유명한 신사 같은 경우는 발 디딜 틈도 없이 사람들로 북적북적대는데요. 혹시
일본에서 새해를 맞이하게 된다면 한번쯤 하츠모우데를 가 보는 것도 색다른 경
험이 될 거예요.

한 걸음 더

- **年末年始(ねんまつねんし)** 연말연시
- **大晦日(おおみそか)** 섣달 그믐날
- **紅白歌合戦(こうはくうたがっせん)** 홍백가합전
- **年越(としこ)しそば** 섣달 그믐날에 먹는 소바
- **初詣(はつもうで)** 새해 신사나 절을 찾아 한 해의 평안을 기원하는 행사
- **お年玉(としだま)** 세뱃돈
- **おみくじを引(ひ)く** 제비를 뽑다

- 子供の頃はお年玉をもらうのが楽しみだったが、いつの間にかあげる方になってしまった。

  어릴 땐 세뱃돈도 받고 좋았는데, 어느새 세뱃돈을 주는 쪽이 되어 버렸다.

- 初詣でおみくじを引いて、その年の運勢を占ってみた。

  하츠모우데를 가서 제비를 뽑아 그 해의 운세를 점쳐 보았다.

- 今年はNHKの紅白を見ながら年越しそばを食べて、コタツの中で年末年始を過ごした。

  이번 연말연시는 NHK 홍백전을 보면서 도시코시소바를 먹고, 고타츠 안에서 보냈다.

女A ねえ、今年の大晦日、どうする？

女B 今年はみんなで初詣行かない？

女A それもいいね。どこ行く？

女B 高校受験もあることだし、ここはやっぱ、北野天満宮でしょ?!

女A 学問の神様か、いいね。

女B じゃ、決まり。他のみんなにも声掛けとくね。

여 A 올해 12월 31일은 어떡할까?

여 B 올해는 다 같이 하츠모우데 갈래?

여 A 그거 괜찮다. 어디로 가지?

여 B 고등학교 입시도 있고 하니까 기타노 텐만구 어때?!

여 A 학문의 신이라, 좋아.

여 B 그럼, 결정했다! 다른 애들한테도 말해 놓을게.

- 声掛(こえか)ける 부르다, 말을 걸다
- 北野天満宮(きたのてんまんぐう) 교토의 명소 중 하나로 학문의 신 '스가와라노 미치자네'를 모시고 있는 신사

#062 별자리 운세와 일본어!

星座占い
せい ざ うらな

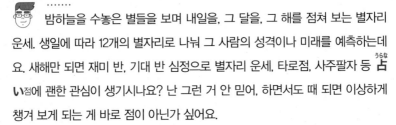

밤하늘을 수놓은 별들을 보며 내일을, 그 달을, 그 해를 점쳐 보는 별자리 운세. 생일에 따라 12개의 별자리로 나눠 그 사람의 성격이나 미래를 예측하는데요. 새해만 되면 재미 반, 기대 반 심정으로 별자리 운세, 타로점, 사주팔자 등 占い점에 관한 관심이 생기시나요? 난 그런 거 안 믿어, 하면서도 때 되면 이상하게 챙겨 보게 되는 게 바로 점이 아닌가 싶어요.

일본인들도 운세 보는 걸 굉장히 좋아해요. 혈액형별 성격이나 별자리 운세를 신뢰하는 사람들이 많죠. 여러분의 별자리 운세는 어떠신가요? 앞날을 미리 점쳐 보고 극복할 수 있는 용기와 위로를 얻는 정도면 딱 좋겠네요.

한걸음 더

- 占(うらな)い 점
- 手相占(てそううらな)い 손금 점
- 星座占(せいざうらな)い、
  星占(ほしうらな)い 별자리 운세
- 牡羊座(おひつじざ) 양자리
- 双子座(ふたござ) 쌍둥이자리
- 獅子座(ししざ) 사자자리
- 天秤座(てんびんざ) 천칭자리
- 射手座(いてざ) 사수자리
- 水瓶座(みずがめざ) 물병자리

- 占(うらな)う 점치다
- 姓名占(せいめいうらな)い、姓名判断(せいめいはんだん) 이름 점
- 牡牛座(おうしざ) 황소자리
- 蟹座(かにざ) 게자리
- 乙女座(おとめざ) 처녀자리
- 蠍座(さそりざ) 전갈자리
- 山羊座(やぎざ) 염소자리
- 魚座(うおざ) 물고기자리

- お出かけ前に星占いで、今日の運勢をチェックして出かけましょう。

외출하기 전에 별자리로 오늘의 운세를 체크하고 나가세요.

- 占いに恋人現れるって書いてあったのに、全然現れない。
期待して損した。

운세에는 여자친구가 생길 거라고 적혀 있었는데, 감감무소식이다.

정말 기대가 많았는데 실망스럽다.

女A 赤いマフラー、かわいいね。

女B いいでしょ。牡羊座のラッキーカラーなんだって。

女A 星座占い?

女B 私結構好きなんだ。そういうの。

女A 占い、信じる方なんだ?!

女B まあね。いいことだけ。

여A 빨간 목도리, 귀엽다.

여B 예쁘지? 양자리 행운의 컬러래.

여A 별자리 운세?

여B 나 별자리 운세 같은 거 굉장히 좋아해.

여A 운세 같은 걸 믿는 편이구나?!

여B 글쎄. 좋은 것만.

- 出(で)かける 외출하다　● 現(あらわ)れる 나타나다　● 損(そん)する 손해 보다

#063 일본과 담배!

タバコ

> ‥‥‥‥
요전에 일본 친구가 한국에 다니러 왔을 때의 일이에요. 여기저기 안내할 생각에 부풀어 있던 제게 그 친구는, 한국에서는 담배 피우려면 어디서 피워야 해? 휴대용 재떨이는 어디서 사야 하지? 라고 담배에 관한 것부터 묻더군요. 한국에서는 드문 일이지만, 일본에서는 휴대용 재떨이가 흡연자들 사이에선 필수품인 것 같아요. 한국과 일본의 흡연 장소 또한 많이 다르죠. 일본에 여행을 한 번쯤 다녀오신 분들이라면 아시겠지만, 일본은 애연가들의 천국이라고 할 수 있어요. 한국은 모든 음식점에서 흡연이 금지되어 있는데요. 일본은 카페나 식당에 담배를 피울 수 있는 곳이 있고, 호텔에도 흡연실이 있어요. 맥도널드 같은 패스트푸드점에서 담배를 피운다는 게 상상이 되시나요? 흡연자와 비흡연자가 공존하는 사회를 꿈꾼다는 일본의 담배 문화. 한국의 애연가들이라면 당연히 부러워할 만한 분위기겠지만, 일본도 2020년 도쿄올림픽을 앞두고 금연정책에 힘쓰고 있다고 하네요. 참, 자판기 천국답게 일본에는 담배 자판기가 있어요. 물론 청소년들이 이용해선 안 되므로 성인 인증용 카드 타스포(taspo)를 발급받아 구매한답니다.

한걸음 더

- **タバコを吸(す)う** 담배를 피우다
- **タバコを覚(おぼ)える** 담배를 배우다
- **一服(いっぷく)する** 한 모금 피우다
- **喫煙席(きつえんせき)** 흡연석
- **禁煙席(きんえんせき)** 금연석

- タバコの自販機で誰でもタバコを買えるわけじゃなく、taspoカードがないと買えないことになっている。

  누구나 담배 자판기에서 담배를 살 수 있는 게 아니라, 타스포(taspo) 카드가 있어야 살 수 있다.

- 最近は禁煙する人も多いし、アイコス、グロー、ブルーム・テックなどの加熱式タバコに代える人も多いよ。

  요즘은 금연하는 사람도 많고, 아이코스, 글로, 플룸테크 등 가열식 담배로 바꾸는 사람도 많아.

- ちょっと仕事を中断して、一服しよう。

  잠깐 일을 멈추고 담배 한 대 피우자.

男A おお、電子タバコだね。禁煙するつもりなんだ。

男B そうなんだ。彼女がタバコ嫌いでさ。

男A へ～、ヘビースモーカーのお前がね。本当に一大決心したんだ。
　　 で、電子タバコ、どう？

男B 悪くないよ。階段上っても息切れしなくなったし。

男A 効果あるんだ。彼女に感謝しないとな。

男B 確かに。オレもそう思うよ。

남A 와, 전자담배네. 금연할 생각인가 봐.

남B 그래. 여자친구가 담배를 싫어해서 말야.

남A 야, 너 같은 골초가? 정말 일생일대 결심을 했구나. 전자담배는 어때?

남B 나쁘지 않아. 계단 오를 때 숨도 안 차고.

남A 효과가 있네. 여자친구한테 고마워해야겠다.

남B 그래. 나도 그렇게 생각해.

- 代(か)える 대신하다　　• 息切(いきぎ)れ 숨이 참, 벅참

#064 일본의 성인식!

せいじんしき
成人式

일본에서는 성인식이 큰 축제 중 하나예요. 매년 1월 둘째 주 월요일이 成 人の日성년의 날인데요. 각 지방자치단체에서는 성년을 맞는 젊은이들을 축하해 주는 자리를 마련해요. 일본인들은 성인식을 굉장히 의미 있는 행사로 여기죠. 여성의 경우 振袖후리소데라는 전통 의상을 차려 입고, 남성의 경우 紋付袴몬츠키 하카마나 양복 정장을 입어요. 이 기간에는 성인식에 참석하기 위해 일부러 고향 으로 돌아가기도 하죠. 고향에선 대학 진학 등을 이유로 여러 지역으로 흩어졌던 친구들과의 만남도 기대할 수 있답니다.

한걸음 더

● 振袖(ふりそで) 소매 단이 가장 길고 무늬가 화려한 기모노로 주로 미혼 여성들이 입음

● 留(と)め袖(そで) 기혼 여성이 입는 소매가 짧은 기모노

● 晴(は)れ着(ぎ) 성인식 등 경사스러운 날에 입는 기모노를 말함

● 紋付袴(もんつきはかま) 양복 정장

● 紅白(こうはく)饅頭(まんじゅう) 홍백만주(축하 자리에서 나눠 주는 홍백 한 쌍의 만주)

● 一人前(いちにんまえ) 어엿한 성인

● 成人式には振袖を着る女性が多いです。
せいじんしき　ふりそで　き　じょせい　おお

성인식에는 후리소데를 입는 여성이 많아요.

● 成人式の紅白饅頭はお祝いの意味があるのよ。
せいじんしき　こうはくまんじゅう　いわ　いみ

성인식의 홍백만주에는 축하의 의미가 담겨 있단다.

母　おめでとう。やっとこれで一人前ね。
はは　　　　　　　　　　　　いちにんまえ

息子　母さんったら、オレ、前から一人前の男だったよ。
むすこ　かあ　　　　　　　まえ　いちにんまえ　おとこ

母　今日成人式だったんだから、法律的には今日からよ。
きょうせいじんしき　　　　　　ほうりつてき　きょう

これからは、お酒も堂々と飲めるんだし。
さけ　どうどう　の

息　成人式って、何か厳格な感じはあるよ、確かに。
せいじんしき　なに　げんかく　かん　　　たし

これからはいい加減なことができないっていうか。
かげん

母　そうよ。これからはちゃんと自分の行動に責任を取るのよ。わかった。
じぶん　こうどう　せきにん　と

息子　Yes sir!(イェッサー)。

엄마　축하해. 너도 드디어 이제 어른이구나.
아들　엄마도 참, 저 벌써부터 어엿한 어른 남자였다고요.
엄마　오늘이 성인식이었으니까 법적으로는 오늘부터지. 이제부터는 술도 당당하게 마실 수 있고.
아들　성인식을 하고 나니 왠지 어깨가 무거워지긴 하네요. 이제부터는 철부지처럼 굴면 안 되겠죠?
엄마　그럼. 이제부터는 네 행동에 제대로 책임을 져야 돼. 알았니?
아들　Yes, sir!(네, 알겠습니다!)

● いい加減(かげん) 적당함. 알맞음

#065 일본의 결혼식!

けっこんしき
結婚式

일본의 결혼식은 크게 4가지로 나눌 수 있어요.

しんぜんしき
神前式 신전식

신전식은 가장 일본적인 결혼식이에요. 주로 신사에서 올리지만, 호텔이나 야외에서 하기도 해요. 엄숙한 결혼식 분위기 때문에 일본의 젊은이들에게는 그다지 인기가 없었는데요. 요즘 유명 연예인들이 신전식을 올리면서 다시금 젊은이들 사이에 유행 중이랍니다.

ぶつぜんしき
仏前式 불전식

말 그대로 부처님 앞에서 올리는 결혼식이에요. 하지만 꼭 절에서만 결혼식을 올리는 게 아니라 집으로 스님을 초대해서 올리기도 해요.

きょうかいしき
教会式 교회식

예전에는 신랑 신부 모두 기독교인이어야만 교회식을 올릴 수 있었는데요. 요즘에는 종교와 상관없이 교회에서 결혼식을 할 수 있어요.

じんぜんしき　ひとまえしき
人前式、人前式 인전식

가족이나 지인들만 초대해서 간단히 하는 결혼식이에요. 특별한 제약 없이 공원이나 신랑 신부의 추억의 장소에서 결혼식을 올리기도 해요.

한 걸음 더

- 婚姻届(こんいんとどけ) 혼인신고서
- 招待(しょうたい) 초대
- ナシ婚(こん) 나시콘, 결혼식 없는 결혼(속어)
- ダケ婚(こん) 다케콘, '예식만, 피로연만, 사진만' 등으로 일부 이벤트만 하는 결혼 형태(속어)

- 披露宴(ひろうえん) 피로연
- 白無垢(しろむく) 위아래가 다 흰 복장
- お祝(いわ)い金(きん)、御祝儀(ごしゅうぎ) 축의금
- 相場(そうば) 시세, 시가

- 神前結婚のとき、新婦は白無垢を着るんだよ。

  신전 결혼식을 올릴 때 신부는 순백의 옷을 입어.

- 披露宴でのスピーチを頼まれて困っちゃったよ。

  피로연 스피치를 해 달라고 해서 골치가 다 아파.

- 「ナシ婚」だとちょっと物足りないんで、「ダケ婚」にしようと思って…。

  '결혼식 없는 결혼'은 좀 서운한 듯해서 '이벤트 결혼'을 할 생각인데….

韓国人　同僚の結婚式に招待されたんだけど、お祝い金、いくらぐらい持って行ったらいい?

日本人　会社の同僚? だったら3万円ぐらいかな。

韓国人　えっ、3万円も。ちょっと高すぎるんじゃない?

日本人　まあね。でも、だいたい相場がそのぐらいだから…。

韓国人　服装はどうしたらいい?

日本人　普通にスーツでいいんじゃない? あ、ネクタイは白だよ。

韓国人　白のネクタイ? あったかな。

한국인　동료 결혼식에 초대받았는데 축의금은 얼마나 해야 할까?

일본인　직장 동료? 그럼 삼만 엔쯤.

한국인　뭐, 삼만 엔이나. 너무 많은 거 아냐?

일본인　글쎄. 하지만 대개들 그 정도 하니까….

한국인　옷은 어떻게 입고 가면 돼?

일본인　평소대로 슈트 차림이면 괜찮지 않을까? 아, 넥타이는 흰색이야.

한국인　흰색 타이라고? 있나 모르겠네.

- 物足(ものた)りない 어딘지 부족하다

#066 아르바이트 천국, 일본!

アルバイト

일본에서 유학 생활을 하면 **アルバイト**아르바이트를 한번쯤 경험하시게 될 텐데요. **フリーター**프리터라는, 돈이 필요할 때만 한시적으로 취업하고 정식으로 직장을 구하려고 하지 않는 사람을 부르는 신조어가 등장할 정도로 일본은 아르바이트 천국(?)이에요.

일본에서 아르바이트를 구하려면 인터넷, 구인 잡지, 직접 찾아가기, 지인 소개 등 여러 가지 방법이 있는데요. 아무래도 일본어 실력에 따라 아르바이트 선택의 폭이 달라지겠죠.

일본에서 할 수 있는 아르바이트 종류는 무척 다양하지만, 주로 초기에는 음식점 관련 일을 많이 하는 편이에요. **ホール**홀라고 하면 음식점의 홀에서 손님을 접대하는 일이고, **キッチン**주방은 주방에서 조리나 보조 등을 하는 일을 말하죠. 유학생 아르바이트는 아무래도 서비스 업종으로 제한되게 마련인데, 일본어 실력만 키운다면 얼마든지 다양한 일을 할 수 있을 거예요.

아르바이트를 구할 때는 **履歴書**이력서도 필요하겠죠. 정해진 양식에 따라 정성껏 **手書き**손글씨로 작성해야 해요.

참, 아르바이트 관련해서 가장 중요한 게 빠졌네요. 바로 **時給**시급죠. 일본의 시급은 지역의 물가나 생활환경을 반영하기 때문에 지역마다 다른데요. 2017년 도쿄를 기준으로 보면 최저시급 958엔이네요. 시급이 마음에 드신다고요? 자, 이 기회에 일본어 실력도 쌓을 겸 아르바이트에 도전해 보시겠어요!

- 時給 1,200円のアルバイトがあるんだけど、やってみる？

  시급 1,200엔 주는 아르바이트가 있는데 할래?

- バイト中はケータイを見ていたり、だべっていちゃだめだよ。

  아르바이트 도중에는 휴대전화를 보거나 잡담을 해서는 안 돼.

- オレ、フリーターだから、3つほどバイトを掛け持ちしているんだ。

  나는 프리터라서 아르바이트를 3개 정도 겹치기로 하고 있어.

韓国人　アルバイトしようと思うんだけど、何がいい？

日本人　そうね。コンビニとか食堂なんかが普通だと思うけど…。

韓国人　オレ、接客とか得意じゃないからさ。

日本人　じゃあ、駅前でやるティシュ配りなんかはどう？
　　　　特に話すこともないし…。

韓国人　いいね、それ。それで時給はどれくらい？

日本人　1,200円ぐらいはもらえると思うけど。

한국인　아르바이트 하려고 하는데 뭐가 좋을까?

일본인　그러게. 보통 편의점이나 식당 같은 데서 하는데….

한국인　내가 접객 같은 건 잘 못해서 말이야.

일본인　그럼. 역 앞에서 휴지 나눠 주는 아르바이트는 어때? 딱히 얘기를 하지 않아도 되고….

한국인　그게 좋겠다. 그 일은 시급이 얼마 정도야?

일본인　1,200엔 정도는 받을 거야.

- ケータイ 휴대전화　● だべる 쓸데없는 잡담을 하다(속어)　● 掛(か)け持(も)ち 겸임, 겹치기
- 得意(とくい) 가장 자신 있음

#067 일본의 난방과 에어컨!

暖房と冷房
だんぼう　れいぼう

　　일본은 한국과 같은 온돌 난방 시스템이 아니에요. 요즘 지은 새 건물에는

床暖房유카단보-라고 해서 한국의 온돌과 비슷한 시스템이 있는 곳도 있지만, 흔
ゆかだんぼう

한 건 아니죠.

일본의 난방 시설은 앞서 나왔듯이 **炬燵**코타츠라는 난방테이블과 함께 여러 가지
こたつ

가 있겠지만, 의외로 한국분들이 잘 모르는 부분이 하나 있는데요. 바로 에어컨

의 온풍 기능이에요. 에어컨은 여름 냉방용이라고만 생각하고, 일본 여행 갔는데

방이 춥더라며 경험담 늘어놓는 분들이 생각보다 많으시더라고요. 일본에서는

에어컨의 냉방, 난방 기능을 모두 사용하고 있으니 참고하세요.

한걸음 더

- **エアコン** 에어컨
- **自動(じどう)** 자동
- **冷房(れいぼう)** 냉방
- **暖房(だんぼう)** 난방
- **冷暖房(れいだんぼう)** 냉난방
- **ドライ** 드라이
- **設定温度(せっていおんど)** 설정온도
- **運転切換(うんてんきりかえ)** 운전 전환(난방, 냉방 등 모드를 바꾸는 버튼)
- **運転(うんてん)** 운전
- **停止(ていし)** 정지

- もうすぐ家につくから、エアコンを自動運転にしておいてくれる？

  이제 곧 집에 도착하니까 에어컨을 자동 운전으로 해 줄래?

- 冬は暖房、夏は冷房に切り替えればいいんだよ。

  겨울은 난방, 여름은 냉방으로 바꾸면 돼.

女A これ、どうやったら暖房になるんだろう？

女B えっ、そんなことも知らないの？
　　 この運転切替のボタンを押せばいいのよ。

女A 運転切替？

女B ほら、これよ。これを押せば冷房から暖房に切り替わるでしょ。
　　 それから、温度調節のボタンを押せば自由に温度が決められるって

　　 わけ。

女A 何だ、こんな簡単にできるんだ。

여 A 이거 어떻게 해야 난방이 되지?

여 B 아휴, 그것도 몰라? 여기 운전 전환 버튼 누르면 되잖아.

여 A 운전 전환?

여 B 봐, 여기 있잖아. 이걸 누르면 냉방에서 난방으로 바뀌지.

　　 그 다음 온도 조절 버튼을 눌러 자유롭게 온도를 설정하면 되는 거야.

여 A 뭐야, 이렇게 간단한 거였어.

- もうすぐ 이제 곧, 머지않아　　● 切(き)り替(か)える 전환하다, 바꾸다

- ほら 이봐, 얘, 자

#068 　일본은 어버이날이 없다!?!?

父の日と母の日
<small>ちち　ひ　はは　ひ</small>

　......
　　한국에서는 5월이면 기념일 대란(?)이죠. 휴일이 많아 좋다는 분들도 계시고, 얇은 지갑 걱정에 한숨 쉬시는 분들도 계실 텐데요. 일본은 우리와 비슷한 기념일도 있고 좀 다르게 챙기는 기념일도 있어요. 우선 한국의 어버이날은 5월 8일! 일본에서는 어버이날이라고 하지 않고 **母の日**어머니날, **父の日**아버지의 날 이렇게 따로 찾아요.

일본의 어머니날은 5월의 둘째 일요일이고, 아버지의 날은 6월의 셋째 일요일이에요. 미국식을 그대로 따르고 있네요. 개인적으로는 한국의 어버이날처럼 같은 날 기념하는 방식이 마음에 드는데 여러분은 어떠세요? 같이 챙기든 따로 챙기든 바쁜 일상 속에서 정성껏 꽃과 선물을 마련하며 **親孝行**효도하려는 자식들의 마음은 어느 나라든 비슷하네요.

그리고, **こどもの日**어린이날는 5월 5일로 한국과 같은데요. 남자아이의 건강을 기원하는 **こいのぼり**고이노보리라는 풍습이 있어요. 그러고 보니 일본은 어린이날도 남자아이와 여자아이를 기념하는 날이 따로 있네요. 여자아이를 기념하는 날은 3월 3일, **ひなまつり**히나마츠리라고 해요. 여자아이의 건강과 행복을 기원하며 일본의 전통 인형을 장식하죠. 이 인형은 봄이 오는 걸 축하하는 의미도 있기 때문에 입춘 무렵에 장식하기 시작하는데요. 3월 3일 히나마츠리가 지나면 바로 치우는 게 일반적이라고 하네요. 제때 치우지 않으면 딸아이가 시집을 늦게 간다는 미신이 있다고도~.

- 明日は母の日だから、カーネーションを準備しようと思っている。

  내일이 어머니날이라 카네이션을 준비하려고 한다.

- 父の日なのに何もあげないなんて、お父さんかわいそう～。

  아버지의 날인데 아무것도 안 드리다니, 아빠가 불쌍해~.

- 日本じゃ「父母」はあまり使わなくて、普通「両親」って言うんだよ。

  일본에서는 '부모'라는 말은 잘 쓰지 않고 보통은 '양친'이라고 해.

女A　明日、母の日だね。何かプレゼント準備した？

女B　うん、現金にしようと思って。

女A　えっ、現金って、感謝の気持ちが感じられないんじゃない？

女B　大丈夫、お母さん、現金が一番って日ごろから言ってるから。沙織は？

女A　花束と、日ごろの感謝の気持ちを言葉で表現しようと思って「メッセージムービー」準備したんだ。

女B　わぁ～。沙織って、見かけによらず親孝行なのね。

여 A　내일이 어머니날이네. 뭐라도 선물 준비했어?

여 B　응, 현금으로 드릴까 하고.

여 A　어머, 현금으로 어디 감사의 마음이 전해지니?

여 B　괜찮아. 우리 엄마는 현금이 제일이라고 평소에 말씀하셨거든. 사오리 너는?

여 A　꽃다발하고 평소 감사의 마음을 말로 표현하고 싶어서 '영상 편지' 준비했어.

여 B　와~ 사오리 너 보기와 달리 효녀구나.

- 日(ひ)ごろ 평소, 늘　　● メッセージムービー 영상 편지
- 見(み)かけによらず 겉보기와 다르게

#069　5월병?

五月病
<small>ご　がつびょう</small>

 일본의 5월은 **ゴールデンウィーク**_{골든 위크}와 함께 찾아오죠.

골든 위크는 4월 말에서 5월 초에 이르는 일본의 긴 연휴를 말해요. 앞서 말씀드
렸듯이 일본은 한국과 달리 새학기가 시작되고 신입 사원이 입사하는 시기가 4
월이에요. 그러다 보니 일본인에게 4월은 설렘 반, 부담 반 정신없는 시기겠죠.
급작스럽게 바뀐 환경에 많은 사람들이 지치게 되는데, 이 끄트머리에서 골든 위
크를 맞이하는 거예요. 얼핏 생각하면 다들 긴장감 가득한 4월을 보내고 푹 쉬면
되겠구나, 하고 부러워하실지도 모르겠는데요, 뜻밖에도 황금 연휴라는 골든 위
크를 보내고 나면 환자(?)들이 속출한다고 하네요. **やる気**_{의욕}를 상실해서 무기력
해지거나 심하면 우울증 증상도 보이는 게 바로 5월병이에요. 혹시, 5월병에 걸
려도 좋으니 제발 쉬는 날이 많아졌으면⋯ 이라고 생각하시나요?

한 걸음 더

- **うつ病(びょう)** 우울증
- **五月病(ごがつびょう)** 5월병
- **適応障害(てきおうしょうがい)** 적응 장애
- **気怠(けだる)い** 어쩐지 나른하다
- **無気力(むきりょく)** 무기력

- ゴールデンウィークで遊びすぎた人、五月病に要注意です。

  골든 위크를 신나게 보낸 사람들은 5월병에 걸리지 않도록 각별히 주의해야 해요.

- うつ病って放っておくと大変なことになるよ。

  우울증을 그냥 방치하면 점점 심각해져.

男A どうしたんだよ、元気ないな。

男B 何だか気怠くて、万事にやる気が出ないんだ。

男A ええっ、何かあったのか?

男B それが、思い当たることないんだよ。
　　 原因がわからないから厄介なんだよな。

男A それって、五月病ってやつ? そうだよ、たぶん。

男B えっ、五月病?
　　 自分が五月病にかかるなんて思ってもみなかったよ。

남A 왜 그래? 기운이 없어 보여.

남B 왠지 무기력하고 만사가 다 귀찮아.

남A 뭐? 무슨 일 있었어?

남B 그게 글쎄. 이유가 딱히 없거든. 원인을 모르니까 더 답답해.

남A 5월병 아냐? 맞아, 그거야.

남B 뭐라고? 5월병? 내가 5월병에 걸릴 거라곤 생각도 못했어.

- 放(ほう)っておく 방치하다　　● 気怠(けだる)い 어쩐지 나른하다
- 思(おも)い当(あ)たる 짐작이 가다　　● 厄介(やっかい) 귀찮음. 성가심

#070 일본의 온천 문화!

日本の温泉
にほん　おんせん

일본 각지에는 피곤하고 지친 일본인들의 휴식처인 **温泉**온천이 많이 있어요. 온천은 학교 합숙이나 수학여행, 가족여행, 연인들의 데이트 코스로도 많은 사랑을 받고 있죠. 외국인들의 특별 관광 코스이기도 하고요.

일본에서 온천을 이용하려면, **日帰り温泉**당일치기 온천, **温泉旅館**온천 료칸에서 숙박하기, **足湯**족욕 등이 있어요. 그 중에서 일본의 전통문화를 즐기면서 힐링도 할 수 있는 온천 료칸 이용법을 간단히 소개할게요.

료칸의 안주인은 **女将さん**오카미상, 객실담당자는 **仲居さん**나카이상이라고 불러요. 료칸에 준비된 **浴衣**유카타는 온천마을과 료칸 내에서 입을 수 있고, 외출할 때는 **下駄**게타를 신어요. 입욕 시 깨끗하게 몸을 씻은 후 온천을 이용해야 하고, 수영복이나 속옷 착용은 안 돼요. 또, 잦은 입욕이나 장시간의 입욕은 오히려 역효과 **湯あたり**유아타리를 불러올 수 있으니 주의해야 해요. 참, 온천 후에는 료칸의 꽃이라 불리는 카이세키 요리를 즐기셔야죠^^

한걸음 더

- **合宿(がっしゅく)** 합숙
- **温泉玉子(おんせんたまご)** 온천 달걀
- **露天風呂(ろてんぶろ)** 노천탕
- **貸切(かしきり)** 대절, 빌림
- **湯船(ゆぶね)につかる** 욕조에 몸을 담그다
- **混浴(こんよく)** 혼욕

- 休みの日は温泉につかってゆっくりしたいね。

  쉬는 날엔 온천에 가서 여유를 즐기고 싶어.

- 旅館では「男湯」「女湯」を間違えないで入ってね。

  온천 료칸에서는 남탕, 여탕 들어갈 때 헷갈리면 안 돼.

이런 대화가 오가요

韓国人 今度、温泉に行くんだけど、何か注意事項ある？

日本人 そうね、ただ楽しんでくればいいんじゃない？

韓国人 なんだよ、その誠意のない答えは。アドバイスを頼んでるのに。

日本人 ごめんごめん。一番は温泉に入る前にまず体を洗って入ること。

それからタオルは湯船につけないこと。

浴槽の中では体をこすらないこと、かな。

韓国人 ふ〜ん。タオルを湯船につけちゃいけないんだ。

日本人 そりゃそうよ。衛生上、よくないでしょ？

韓国人 なるほど。OK、ありがと〜。

한국인 이번에 온천 가는데 주의해야 할 거라도 있어?

일본인 그러게. 그냥 재미있게 놀고 오면 되지 않을까?

한국인 뭐야. 그 성의 없는 대답은. 조언 좀 해 달라니까.

일본인 미안, 미안. 우선 온천에 들어가기 전에 몸을 씻고 들어 갈 것.

그리고, 수건은 욕조에 담그지 말 것. 욕조 안에서는 때를 밀지 말 것. 정도.

한국인 어, 수건을 욕조에 담그면 안 되는구나.

일본인 당연하잖아. 위생상 안 좋아.

한국인 듣고 보니 그렇네. OK, 고마워〜.

- こする 비비다

#071 조금 지저분하지만 꼭 알고 싶은 일본어 표현!

<ruby>汚<rt>きたな</rt></ruby>いもの

일본어를 공부하다 보면 표현하기 다소 거북한 말들이 있어요. 교재 등에서는 잘 다루지 않는데요. 일상생활에서는 사용하지 않으려야 않을 수가 없겠죠. 그럼, 거북하지만 꼭 필요한 표현들에 대해 알아볼게요.

일본어로 방귀는 おなら라고 해요. **おならをする, おならが<ruby>出<rt>で</rt></ruby>る**라고 하면 '방귀를 뀌다'라는 뜻이에요. **<ruby>屁<rt>へ</rt></ruby>をこく**라고도 하죠. 또, 냄새 나는 '땀을 흘리다'는 **<ruby>汗<rt>あせ</rt></ruby>をかく**라고 표현해요.

'질척질척, 걸쭉걸쭉'이라는 뜻의 **どろどろ**. 이 말은 물리적으로 지저분하다는 뜻도 있지만 여러 가지 복잡하게 얽히고설킨 인간관계 등을 나타내기도 해요.

<ruby>靴<rt>くつ</rt></ruby>がどろどろになった。 구두가 진흙투성이가 되었다.

<ruby>血<rt>ち</rt></ruby>がどろどろしている。 피가 탁하다.

どろどろした<ruby>人間関係<rt>にんげんかんけい</rt></ruby> 복잡한 인간관계

다음 표현들은 예의를 지켜야 하는 자리에서는 되도록 삼가는 게 좋은 표현이지만 의외로 친한 친구 사이에서는 가볍게 사용하는 경우가 있으니 한번쯤 공부해 두는 것도 괜찮아요.

ゲップ 트림　　　　　　　**ゲロ** 토악질, 토한 것　　　**<ruby>吐<rt>は</rt></ruby>く** 토하다

<ruby>小便<rt>しょうべん</rt></ruby> 소변　　　　　　**<ruby>大便<rt>だいべん</rt></ruby>** 대변　　　　　**<ruby>糞<rt>ふん</rt></ruby>** 동물의 똥

トイレ、お<ruby>手洗<rt>てあら</rt></ruby>い、お<ruby>化粧室<rt>けしょうしつ</rt></ruby> 화장실

おしっこする、おしっこをする 소변을 보다

うんこをする、うんちをする 대변을 보다

● もう我慢できない、漏れちゃいそう。

이제 더 이상 못 참겠어, 오줌이 나올 것 같아.

● あ、ついていない、うんこ踏んじゃった。

앗, 재수 없어. 똥을 밟아 버렸어.

● 飲みすぎて、帰りの地下鉄でゲロ吐いちゃった。

술을 너무 많이 마셔 집으로 가는 지하철에서 토하고 말았다.

男A　何か変なにおいしないか？

男B　ゴメン、今、おならしちゃったんだ。お腹の調子が悪くて…。

男A　おいおい、トイレ行って来いよ。
　　　何か臭ったようなにおいだぞ。

男C　おならもくさいけど、この部屋だって十分男臭いぞ。
　　　消臭剤とかないのか？

男B　部屋が男臭いって？オレ、全然気にならないけどな…。

男C　自分じゃ気が付かないだけだよ。

남A　무슨 이상한 냄새 안 나?

남B　미안, 내가 금방 방귀 뀌었어. 속이 안 좋아서 말야.

남A　야, 야, 화장실 갔다 와. 냄새가 뭐 이리 지독해.

남C　방귀 냄새도 냄새지만, 이 방 남자 냄새도 지독한데. 탈취제 같은 거 없어?

남B　방에서 남자 냄새가 난다고? 난 전혀 모르겠는데.

남C　원래 자기는 잘 못 느껴.

● ついていない 운이 없다　　● おいおい 이봐 이봐　　● 調子(ちょうし) 상태, 기세

#072 규칙을 엄격히 지키는 일본 문화!

融通の利かない日本人

ゆうずう き に ほんじん

....
문화도 언어도 낯선 외국 생활, 결코 녹록지만은 않죠? 저도 어떤 환경에
서든 나름대로 적응력이 뛰어난 편이라고 자부하고 살았는데, 일본 생활을 막 시
작했을 무렵엔 힘들더군요. 언어도 낯설고, 이것저것 한국과 다른 부분은 조심해
야 하고… 저를 잘 아는 사람들과 함께일 때는 그나마 안심이 되었지만, 어쩌다
처리해야 할 일 때문에 일본의 은행이나 관공서라도 찾는 날이면 가기도 전부터
어찌나 긴장이 되던지요. 행여 서류는 빠진 게 없는지, 도장은 챙겼는지, 지갑은
주머니에 잘 있는지 확인에 확인을 하느라 현관문을 열고 나설 때까지 한참 걸렸
다니까요^^

'다음에 갖다 드리면 안 될까요? 깜빡 잊었는데요. 그냥 사인으로 대신하면 안 될
까요?'

뭐 이런 말들이 일본에서는 통하질 않죠. 워낙 사회 전반적으로 규칙을 철저히
지키는 분위기가 형성되어 있거든요. 일본인들은 질서와 규칙을 아주 중요하게
생각해서 어렸을 때부터 철저하게 교육을 받죠. 덕분에 남녀노소 할 것 없이 이
러한 사회적 분위기를 자연스레 받아들이는 것 같아요. 한국인이 보기엔 다소 융
통성이 없어 보일 수도 있는데요. 한결같이 절차를 제대로 밟고, 규칙을 철저하
게 지키는 문화만큼은 본받아야 할 점이 아닌가 싶어요.

한걸음 더

- 融通(ゆうずう)が利(き)く 융통성이 있다
- 融通(ゆうずう)が利(き)かない 융통성이 없다
- 書類(しょるい)が整(ととの)う 서류가 갖춰지다
- 生年月日(せいねんがっぴ) 생년월일
- 厳格(げんかく) 엄격

162

- 生年月日は西暦じゃなくて和暦で書いてください。
  せいねんがっ び　せいれき　　　　　われき　か

  생년월일은 서력이 아니라 일본 달력으로 써 주세요.

- 書類が整っていないと受付できないんですよ。
  しょるい　ととの　　　　　うけつけ

  서류가 갖추어지지 않으면 접수가 안 돼요.

이런 대화가 오가요

銀行受付　どうぞ、おかけください。
ぎんこううけつけ

韓国人　　あのう、口座を開設したいんですが。
　　　　　　　こう ざ　かいせつ

銀行受付　はい、ありがとうございます。

　　　　　それでは、こちらにお名前、生年月日、ご住所をご記入ください。
　　　　　　　　　　　　　　　な まえ せいねんがっ び　じゅうしょ　き にゅう

　　　　　それと身分証明書と、ご印鑑はお持ちですか。
　　　　　　　み ぶんしょうめいしょ　　　いんかん　も

韓国人　　あ、印鑑。サインじゃだめですか。
　　　　　　　いんかん

銀行受付　サインはちょっと、ご印鑑が必要なんですが…。
　　　　　　　　　　　　　　　いんかん　ひつよう

韓国人　　そうなんですか。

銀行受付　申し訳ございません。
　　　　　　もう　わけ

은행 직원　어서 오세요. 앉으시겠어요.
한국인　　저기, 계좌를 만들고 싶은데요.
은행 직원　네, 감사합니다. 그러시면 여기에 성함, 생년월일, 주소를 기입해 주세요.
　　　　　그리고 신분증과 인감은 가져오셨나요?
한국인　　아, 인감이요? 사인은 안 될까요?
은행 직원　사인은 곤란하고 인감이 필요합니다만….
한국인　　그렇군요.
은행 직원　대단히 죄송합니다.

- 和暦(われき) 일본 달력. 일본 연호　● 口座(こうざ) 계좌

#073 사회생활의 단단한 버팀목 일본의 부활동 문화!

ぶ かつどう
部活動

 일본에는 就活구직활동, 婚活결혼활동라는 말이 있어요. 각각 취직자리를 얻기 위한 활동, 결혼 상대를 찾기 위한 활동을 말하죠. 그렇다면 部活부활동라는 말을 들어 본 적이 있나요? 바로 서클활동, 동아리활동을 뜻해요.

일본에서는 중고등학교 때부터 학생들이 부활동을 활발하게 하는 편이에요. 중고등 내내 동아리조차도 입시와 연관지어 활동할 수밖에 없는 한국 학생들을 생각하니 살짝 부러운데요. 아무튼 일본 학생들의 부활동은 대학까지 계속 이어진답니다. 저도 일본에서 대학 다닐 때 일본 친구들이 어떤 강의를 들을지 고민하기보다 부활동을 뭘 할지 고민하는 걸 종종 봤는데요. 아침 연습, 강의 끝난 후 연습, 주말 연습, 방학 연습까지 다 챙기면서 학교 생활도 열심히 하는 모습이 그저 놀라울 따름이었어요. 이렇듯 부활동을 열심히 하다 보면 부원들과의 관계도 돈독해져 졸업 후에도 연락하고 모임을 갖는 경우가 많다고 해요.

일본인들이 부활동을 얼마나 중요하게 생각하는지는 일본만화나 영화 등에도 잘 나타나 있죠. 농구 만화 **スラムダンク**슬램덩크, 배구 만화 **ハイキュー**하이큐, 야구 만화 **タッチ**터치 등을 푹 빠져서 봤던 기억이 나네요. 또, 일본의 전국고교야구대회인 甲子園고시엔은 애니메이션이나 드라마의 단골 소재죠.

일본 학생들에게 부활동이란? 단순한 취미생활이나 시간때우기를 넘어서서 사회생활의 단단한 버팀목인 것 같아요. 학교 때의 성실한 부활동을 바탕으로 그들은 졸업 후 지역 공동체의 주체로 거듭나니까요.

- 高校^{こうこう}に入学^{にゅうがく}したら、サッカー部^ぶに入^{はい}ろうと思^{おも}って。

  고등학교에 입학하면 축구부에 들 생각이야.

- 運動部^{うんどうぶ}と文化部^{ぶんかぶ}、どっちに入^{はい}ろうか迷^{まよ}っているんだ。

  운동부와 문화부, 어느 쪽에 들어갈까 고민 중이야.

- どんな部^ぶに入^{はい}ってるの？ / 私^{わたし}、帰宅部^{きたくぶ}なの。

  어떤 부 들었어? / 나, 귀가부야.

이런 대화가 오가요

女　学生時代^{がくせいじだい}、何部^{なにぶ}だったの？

男　俺^{おれ}は野球部^{やきゅうぶ}。青春^{せいしゅん}のすべてをかけて甲子園出場^{こうしえんしゅつじょう}を目指^{めざ}してたんだ。

女　へぇー、何^{なん}かカッコいい。それで、結果^{けっか}は？

男　残念^{ざんねん}ながら、地方大会^{ちほうたいかい}で予選落^{よせんお}ち。全^{すべ}てが終^おわっちゃったよ。

女　そうなんだ。淡^{あわ}い青春^{せいしゅん}の１ページね。

男　まあね。忘^{わす}れられない大切^{たいせつ}な青春^{せいしゅん}の１ページさ。

여　학창시절에 무슨 부였어?

남　야구부. 내 청춘 몽땅 바쳐 고시엔 출장을 목표로 했었지.

여　우와, 왠지 멋짐 폭발!! 그래서 결과는 어땠어?

남　유감스럽게도 지방 대회 예선 탈락하고 모든 게 끝나 버렸어.

여　그랬구나. 아련한 청춘의 한 페이지로군.

남　그렇지 뭐. 그래도 결코 잊지 못할 소중한 청춘의 한 페이지야.

- 帰宅部(きたくぶ) 중고등학교에서 부활동에 소속되어 있지 않은 학생을 재미있게 부르는 말
- 出場(しゅつじょう) 출장(어떤 장소에 나감)
- 淡(あわ)い 희미하다, 어슴푸레하다

#074　　재료의 맛을 중요시하는 일본의 음식 문화!

素材の味を大切にする日本食

そざい　あじ　たいせつ　　　　にほんしょく

　　　　　한국과 일본의 음식 문화는 비슷한 듯하면서도 달라요. 음식 자체도 차이가 있지만, 먹는 방법도 조금씩 다르죠. 예를 들어 팥빙수는 한국이라면 여러 가지 재료가 들어간 팥빙수를 섞어서 먹는 편인데, 일본은 섞지 않고 그대로 먹는 경우가 많아요. 일본의 옛말에 **おいしいものは目で見てもおいしい**맛있는 것은 눈으로 봐도 맛있다라는 말이 있어요. 일본 음식이 차려져 나온 걸 보면 먹기 아까울 정도로 예쁘게 장식되어 있어요. 맛도 중요하지만 모양도 중요하게 생각해서겠죠. 참, 여러분은 카레를 어떻게 드시나요?

한국에서는 밥과 카레를 비벼서 먹지만, 일본에서는 밥과 카레의 경계 부분만 살짝 섞어서 먹죠. 이렇게든 저렇게든 맛있게 먹으면 되는 거 아니냐고 생각하실 분도 계시겠지만, 일본의 음식 문화 자체가 재료 본연의 맛을 살려 먹는 걸 추구하기 때문이죠.

한국 음식은 어떤 재료가 있으면 거기에 양념을 더해 맛을 진하게 낸다면, 일본은 소재 본연의 맛을 살리는 데 치중하는 것 같아요. 두부만 해도 한국 음식이라면 찌개에 넣는다든지 양념을 해서 먹지만, 일본에서는 두부 본연의 맛을 즐기려고 아무 양념도 하지 않거나 최소한의 간만 해서 먹는 경우가 많아요. 저도 따라 먹어 봤더니 좀 심심하더라구요.

참, 일본 맥도널드에서는 프라이드포테이토를 주문하면 케첩을 주지 않아요. 주문할 때 따로 달라고 요청하세요. 일본인들 입맛에는 케첩 없이 살짝 소금 간이 된 포테이토가 맞나 봐요. 저는 케첩을 항상 따로 달라고 했답니다^^

- 日本では、素材の味を大切にした料理が多いです。

  일본은 소재 본연의 맛을 살린 요리가 많아요.

- 本当に素材のいい食材は、シンプルな調理法だけでも十分おいしい

  のよ。

  정말 소재가 좋은 식재료는 간단하게 만들어도 충분히 맛있는 법이야.

韓国人 日本の料理って見た目がみんなきれいだよね。

日本人 料理は美しいほうが、おいしそうに感じるでしょ？

韓国人 それはそうだね。それに比べ、韓国料理は見た目より味だよ。

日本人 あっ、確かに。ビビンパって混ぜると見た目はちょっとだけど、

本当においしいもんね。

韓国人 それが本質っていうか…。だから男も見かけより中身なんだよ。

日本人 何よそれ。それって自分のこと？

한국인 일본 요리는 보기에 무척 아름다워.

일본인 요리는 아름다워야 맛있어 보이잖아?

한국인 그건 그렇지. 그에 비하면 한국 요리는 모양보다는 맛이지.

일본인 맞아, 그런 것 같아. 비빔밥은 비비면 보기엔 별로인데 정말 맛있잖아.

한국인 그게 바로 본질이라고나 할까. 그래서 남자도 겉만 반지르르하기보단 실속이 있어야 한다고.

일본인 그건 또 무슨 소리야. 혹시 니 얘기?

- 見(み)た目(め) 겉보기   - 中身(なかみ) 알맹이, 실속

#075 일본 대중교통 이용 시 지켜야 할 매너!

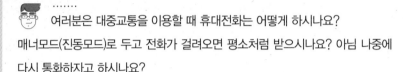

公共交通で守るべきマナー

여러분은 대중교통을 이용할 때 휴대전화는 어떻게 하시나요? 매너모드(진동모드)로 두고 전화가 걸려오면 평소처럼 받으시나요? 아님 나중에 다시 통화하자고 하시나요?

제가 한국으로 돌아와 적응하기 힘들었던 건 일본보다 훨씬 빠르게 달리는 버스보다 대중교통으로 움직일 때마다 여기저기서 들리는 딴 사람들의 통화 소음이었던 것 같아요. 일본에서는 대중교통을 이용할 때 전화가 오면 아예 받지 않거나, 조용히 받은 다음 다시 걸겠다고 하거나, 꼭 통화를 해야 하는 상황이라면 차에서 내려 하곤 해요. 일본인들은 남에게 폐를 끼쳐서는 안 된다는 마음가짐이 항상 있는지라 공공장소에서 전화 통화는 예의가 아니라고 생각하는 거죠. 이것뿐만이 아니에요. 출퇴근 시 백팩을 메게 되면 가방이 뒷사람에게 부딪혀 피해를 줄까 봐 가방을 앞쪽으로 안아 들거나 발치에 내려서 보관해요. 자리에 앉았을 때는 다리를 벌려서 앉지 않고, 신문도 다른 이에게 피해가 가지 않도록 작게 접어서 보죠.

자, 일본에서 지하철이나 버스를 이용하실 때는 앞의 사항들을 꼭 기억해 두셨다가 지키시기 바랍니다. 일본뿐 아니라 한국에서도 지켜야 할 대중교통 예절이겠죠.

한걸음 더

- 交通(こうつう)マナー 매너교통
- 割(わ)り込(こ)み 끼어들기
- 呼(よ)び出(だ)し 호출

- 公共の場所ではマナーモードにするのが常識だよ。

  공공 장소에서는 매너모드로 해 두는 게 상식이야.

- どんなに急いでても、列への割り込みは絶対ダメだよ。

  아무리 급하더라도 새치기해서 끼어들기는 절대로 안 돼.

- 電車に乗るときは、降りる人が優先なんだから、ちゃんと待ってい
  ないと。

  전철을 탈 때에는 내리는 사람이 우선이니까 잠시 기다렸다가 타야지.

韓国人	日本の地下鉄って静かだよね。
日本人	そう？ 特にそう感じたことないけど。
韓国人	そうだよ。電話の呼び出し音も聞こえないし、話し声も聞こえないし。
日本人	まあ、人に迷惑をかけないようにはつとめてるよね。地下鉄の中での通話は控えるとか…。
韓国人	だから地下鉄で電話をしている人見かけないんだ。

한국인	일본의 지하철은 정말 조용해.
일본인	그래? 특별히 그렇다고 생각해 본 적은 없는데.
한국인	아냐, 그래. 전화벨 소리도 안 들리고, 말소리도 안 들리고 말이야.
일본인	남에게 폐 안 끼치려고 노력하는 거지. 지하철 안에서 전화 통화는 피한다든지….
한국인	그래서 지하철에서 전화하는 사람이 안 보이는구나.

- つとめる 애쓰다, 노력하다   - 控(ひか)える 삼가다, 절제하다

#076 헷갈리는 일본어 동사!

間違いやすい動詞

일상생활에서 자주 쓰는 표현이지만 의외로 헷갈리는 일본어 동사에 대해 알아볼게요. 한국어로 '옷을 입다'라고 하면 상의와 하의 모두 '입다'라는 하나의 동사를 쓰지만, 일본어에서는 상의, 하의 다른 동사를 쓰죠. 상의는 **着る**라고 하고 바지, 양말, 구두와 같이 하의에 관련된 것들은 **はく**라고 한다는 점에 유의하세요. 반대어는 **脱ぐ**벗다 하나로 쓸 수 있어요.

옷 이외의 액세서리 중 모자를 '쓰다'는 **かぶる**라고 해요. 모자를 '벗다'는 **ぬぐ**나 **とる**라는 동사를 써도 괜찮아요. '안경을 쓰다'는 **めがねをかける**, 안경을 '벗다'는 **はずす**나 **とる**를 쓰죠. 끝으로 반지, 시계, 장갑을 끼다, 차다는 **する**나 **はめる**, 반지, 시계, 장갑을 벗다, 풀다는 **はずす**나 **とる**를 쓰세요.

너무 복잡한가요? 정리해 볼게요.

着る (옷을) 입다	**脱ぐ** (옷을) 벗다
はく (바지, 양말, 구두 등 하의와 관련된 옷을) 입다	**はめる** (장갑을) 끼다
帽子をかぶる 모자를 쓰다	**ぬぐ、とる** (모자를) 벗다
めがねをかける 안경을 쓰다	**はずす、とる** (안경을) 벗다
アクセサリーをする、つける 액세서리를 하다	**はずす** (액세서리를) 빼다
ネクタイをしめる 넥타이를 매다	**はずす、とる** (넥타이를) 풀다
指輪をはめる 반지를 끼다	**はずす** (반지를) 빼다

한걸음 더

- **指輪(ゆびわ)** 반지
- **時計(とけい)** 시계
- **手袋(てぶくろ)** 장갑
- **サングラス** 선글라스

- 日差しが強いからサングラスをかけたほうがいいよ。

  햇빛이 강하니까 선글라스를 쓰는 게 좋아.

- スマホを使うとき、いちいち手袋をはずさないといけないから不便だよ。

  스마트폰을 쓸 땐 일일이 장갑을 벗어야 하니까 불편해.

韓国人 キャンプに行くんだったら、ジーンズを着て行ったら？

日本人 ジーンズを着る？ ジーンズは着るじゃなくて、はくよ。
腰から下はみんなはくを使うの。ズボンとか靴下とかね。

韓国人 へ～、そんなんだ。じゃあ、ワンピースは着る？ はく？

日本人 ワンピースは着るよ。

韓国人 じゃあ、お相撲さんの回しは？

日本人 う～ん。お相撲さんの回しは「締める」か「つける」のどちらかだと思うけど。

韓国人 へ～、なるほど。いい勉強になったよ。

한국인 캠프 갈 거면 청바지 着て(입고) 가면 어때?

일본인 청바지를 着る(입어)? 청바지는 着る가 아니라 はく야. 바지나 양말 같은 하의를 말할 땐 다 はく 라고 해.

한국인 아, 그렇구나. 그럼 원피는 着る야, はく야?

일본인 원피스는 着る라고 해.

한국인 그럼 스모 선수가 하는 샅바는?

일본인 음. 스모 선수 샅바는 締める라든가 つける 중 하나일 것 같은데.

한국인 아하, 그렇겠네. 덕분에 제대로 공부했어.

#077 일본인과 대화를 나눌 때 빠지기 쉬운 함정!

日本人との会話で陥りやすい落とし穴
にほんじん　かいわ　おちい　　　　　　お　　あな

　　　…… 일본인과 대화를 나누다 보면 조금 지나치다 싶을 정도로 맞장구를 치거나 고개를 끄덕이는 것을 볼 수 있어요. 이것을 일본어로는 **相づち**아이즈치라고 하는데요. 일본인들에게는 습관처럼 몸에 배인 에티켓이죠.

相づち는 상대방의 이야기를 듣고 있다는 표현이기도 해요. 처음 일본인과 대화를 나누는 경우에는 착각하기 쉬워요. 한국인이 일본인과 대화를 할 때 무슨 말을 해도 일본인의 반응이 좋으니까 자신의 이야기에 긍정적으로 반응하는구나 하는 착각에 빠지기 쉽죠. 相づち는 상대방의 의견에 동의를 한다기보다 나는 지금 당신의 이야기를 듣고 있어요, 라는 표현에 지나지 않아요. 특히 상대방이 이성일 때의 相づち는 더 착각하기 쉽겠죠. 저도 일본에서 유학할 땐 일본 여성들이 모두 저를 좋아하는 건 아닌가 하는 행복한 착각에 빠지기도 했었답니다^^ 이렇다 보니 일본에서 비즈니스라도 하게 되면 상대 쪽 반응이 좋아 일이 잘 성사되었구나 하고 마음을 놓았다가도 한 번 검토는 해 보겠습니다, 라는 모호한 답변이 돌아와 당황스러웠다는 경우도 종종 있죠.

바꿔 생각해 보면 일본인의 입장에서 외국인과 대화하는데 相づち가 별로 없다면 내 얘기를 잘 듣고 있는 건가 싶어 불안해하겠죠. 그러니 일본인과 대화를 나눌 때는 적당한 相づち, 추임새를 넣으며 공감하고 있다는 걸 표현해 보세요.

한걸음 더

- 陥(おちい)りやすい 빠지기 쉽다
- 相(あい)づちを打(う)つ 맞장구를 치다
- 落(お)とし穴(あな) 함정
- うなづく 수긍하다

172

- 人の話を聞くときはちゃんと相づちをうったほうがもっと話が弾むよ。

  남의 이야기를 들을 때는 제대로 맞장구를 쳐야 더욱 이야기가 활기를 띠는 거야.

- 相づちには「へえ～！」「ええっ？」「それから？」「なるほど！」「本当？」「いいな～！」「そんなことが！」「確かに」「ごもっともです」「スゴイ！」「さすが！」「嘘でしょ！？」などがあるよ。

  맞장구에는 '아하～! 뭐라고? 그래서? 과연! 정말? 좋은데! 그럴 리가! 확실히, 당연하죠, 대단해! 역시! 믿을 수 없어요!?' 등이 있어.

- 相手の話を聞くとき、うなづくだけでもだいぶ違うよ。

  상대방의 이야기를 들을 때는 고개를 끄덕이는 것만으로도 상당히 달라.

日本人 韓さん、私の話をちゃんと聞いてるの？

韓国人 えっ、ちゃんと聞いてるけど…。

日本人 聞いてるんだったら、うなづくとか相づちを打つとかしてよ。

韓国人 相づちを打つって？

日本人 だからさ、話の合間に、「へえ～そう」とか、「なるほど」とか。

韓国人 ああ、わかったよ。ホント、話を聞くのも楽じゃないね。

일본인 한, 내 얘기 제대로 듣고 있는 거야?

한국인 어, 잘 듣고 있는데….

일본인 얘길 들으면 고개를 끄덕인다든지 맞장구를 친다든지 좀 해.

한국인 맞장구를 치라니?

일본인 그러니까, 얘기 중간에 '아, 그래'라든가 '과연'이라든가 이런 말 말야.

한국인 아, 알겠어. 정말 얘기 듣는 것도 힘들구나.

- ごもっとも 지당함, 당연함(もっとも의 높임말)

#078 일본의 경찰서와 소방서의 전화번호는?

警察と消防署の電話番号
けいさつ　しょうぼうしょ　でんわばんごう

....

갑자기 위급상황이 벌어지면 누구나 당황하게 마련이죠. 여러분이라면 어떻게 하시겠어요? 일본에서 여행 중이라면요? 일본 생활을 시작한 지 얼마 안 된 시점이라 의사소통이 여의치 않은 상황이라면요?

저는 일본에서 십 년쯤 지내는 동안 경찰서나 소방서에 연락해야 할 일은 다행스럽게도 없었어요. 하지만 항상 연락처나 대처 상황은 머릿속에 입력하고 다녔죠. 일본의 소방서는 한국과 같은 **119番**하쿠쥬-큐-방이에요. 소방서 번호는 같아서 기억하기 쉽겠지만, 경찰서 번호는 **110番**하쿠토-방이니 따로 외워 두셔야 해요. 그리고, 경찰서나 소방서 번호를 알고 신고는 했지만 일본어를 못하면 도움을 요청할 수 없겠죠. 다음의 표현도 함께 기억해 두세요.

助けてください。 다스케테 쿠다사이(도와주세요)!
たす

또, 자신의 주소를 일본어로 말할 수 있도록 연습해 두면 좋아요. 구급차를 뜻하는 **救急車**큐-큐-샤와 함께 말이죠. 끝으로 자신이 지내는 곳과 가까운 **交番**파출소 위치를 파악해 두면 도움이 될 거예요.
きゅうきゅうしゃ　　　　　　　　　　　　　　　　　　　　　　こうばん

한 걸음 더

- **交番(こうばん)** 파출소
- **お巡(まわ)りさん** 경찰
- **救急(きゅうきゅう)センター** 응급실
- **通報(つうほう)** 통보

- あ、火事だ。１１９番に電話して。

  앗, 불이야! 얼른 119번에 전화해.

- 友達が急な腹痛で、救急センターに運ばれた。

  친구가 갑자기 복통이 와 응급실에 실려갔다.

- 夜間に１１０番通報があって、警察官が出動した。

  야간에 110번 신고가 있어 경찰이 출동했다.

妻 あなた、病院に電話してくれない？ あぁぁ。

夫 おお、陣痛が始まったのか？

妻 そうみたい。急に痛み出して…。

夫 そうか、わかった。こりゃ救急車を呼んだほうがよさそうだ。
　　えっと、救急車、何番だっけ。

妻 落ち着いて。１１９番でしょ。

夫 あ、そうだった。気が動転しちゃって。

아내 여보, 병원에 전화 좀 해 줘요? 아야, 아아아.

남편 어, 진통이 시작된 거야?

아내 그런 것 같아요. 갑자기 통증이 와서….

남편 그래, 알았어. 그럼 구급차를 부르는 게 좋을 거 같은데.
　　　근데 구급차가 몇 번이더라.

아내 침착해요. 119잖아요.

남편 아 참, 그랬었지. 너무 놀라서 그만….

- 落(お)ち着(つ)く 침착하다, 안정되다 ● 気(き)が動転(どうてん)する 놀라서 어떻게 할 바를 모르다

#079 한국인이 틀리기 쉬운 일본어 4탄! −보고 싶다−

会^あいたい

일본어 초급 레벨에서 **見^みる**보다라는 표현은 틀리기 쉬운 단어예요. 사실 저도 쓸 때마다 틀리게 쓰곤 했는데요. 예를 들어 멀리 떨어져 있는 가족이나 원거리 연애를 하는 커플이 상대방에게 '너무 보고 싶어'라거나 오랜만에 만나서 '정말 보고 싶었어'라고 말을 하죠. 이 문장을 한 번 살펴볼까요. 우리말식으로 그대로 직역해 보면,

> **見^みたい** (물건이 아닌 사람이) 보고 싶다
> **見^みたかった** (물건이 아닌 사람이) 보고 싶었다

라고 말할 수 있죠. 하지만 일본에서는 이런 식으로 이야기를 하면 정확한 뜻이 전달되지 않아요. 일본어로 '보고 싶다'라고 표현하려면 **会^あう**라고 해야 한답니다.

굉장히 쉬운 표현이면서도 틀리기 쉬우니 주의하세요!

| 보고 싶다 | 見^みたい | x | 会^あいたい | o |
| 보고 싶었다 | 見^みたかった | x | 会^あいたかった | o |

한걸음 더

'보고 싶다'라는 뜻으로 見る를 쓸 경우가 있어요. 예를 들어 오랜만에 부모님 얼굴을 뵈러 갔을 때 부모님이, 바쁘겠지만 가끔 얼굴을 좀 보여 달라고 하죠.

たまには顔^{かお}見^みたいね〜。 가끔은 얼굴 보고 싶다.
たまには顔^{かお}見^みせてよ〜。 가끔은 얼굴 보여줘.

● 顔(かお)を見(み)る 얼굴을 보다 ● 顔(かお)が見(み)たい 얼굴을 보고 싶다

- 昨日のドラマ見たかったのに、用事があって見られなかった。

어제 드라마 보고 싶었는데, 볼일이 있어 못 봤다.

- 田舎にいる幼馴染に、久しぶりに会いたくなった。

오랜만에 시골에 있는 소꿉친구가 보고 싶어졌다.

이런 대화가 오가요

男A おお、久しぶり。会いたかったよ。

男B 俺もだよ。何年ぶりかな。

男A 高校を卒業して以来だから、かれこれ10年になるんじゃないか?

男B そんなに? 月日の流れるのって、早いよな。

男A そうだな。

やあ、久しぶりに会ったんだから、一杯やろうぜ。

男B いいね。行こう行こう。

남A 어, 오랜만이야. 보고 싶었어.

남B 나도야. 몇 년 만이지 이게.

남A 고등학교 졸업하고 처음이니까 그럭저럭 십 년은 지났을걸?

남B 그렇게나? 세월이 참 빠르다.

남A 그래. 야, 오랜만에 만났으니까 한잔 해야지.

남B 좋아. 가자, 가자!

- 幼馴染(おさななじみ) 소꿉친구
- かれこれ 대개, 그럭저럭
- 月日(つきひ) 세월

#080　　　**여름 하면 떠오르는 일본어!**

<ruby>夏<rt>なつ</rt></ruby>といえば<ruby>思<rt>おも</rt></ruby>い<ruby>出<rt>だ</rt></ruby>すこと

여름이 되면 더운 날씨 때문에 만사가 다 귀찮아지죠. 특히 일본의 여름은 무덥고 습하기로 유명해요. 일본어로 **<ruby>夏<rt>なつ</rt></ruby>バテ**나츠바테라는 말이 있어요. **<ruby>夏<rt>なつ</rt></ruby>**여름에 **ばてる**지치다, 기진하다를 합친 말로 여름을 탐, 더위를 먹음이라는 뜻으로 해석할 수 있어요.

일본의 여름 하면 어떤 말이 떠오르시나요?

저는 **<ruby>風鈴<rt>ふうりん</rt></ruby>**풍경이 가장 먼저 생각나네요. 바람이 불면 맑은 소리를 내는 風鈴은 일본의 대표적인 여름 풍물시로 금속이나 유리로 만들어요. 처마 끝에 달아 놓고 맑은 소리를 듣는 것만으로도 여름이 온 걸 느끼게 돼요. 참, 風鈴은 발음할 때 주의해야 해요. **ふうりん**후-린에서 う를 확실하게 발음하지 않으면 **ふりん**후린으로 들리거든요. 불륜이라는 뜻의 <ruby>不倫<rt>ふりん</rt></ruby>으로 발음하지 않도록 각별히 조심하시길!

여름 하면 또 무더운 날씨의 필수품 '부채'가 빠질 순 없겠죠. 일본어로 부채를 나타내는 단어는 **せんす**센스와 **うちわ**우치와 두 가지예요. せんす는 접고 펼 수 있는 부채를 말하고, うちわ는 동그랗거나 네모난 모양으로 고정되어 있는 부채를 말하죠.

끝으로 여름 하면 떠오르는 건 역시 **<ruby>怪談<rt>かいだん</rt></ruby>**괴담, 무서운 이야기이죠. 여름이 되면 TV프로그램에서 일부러 폐교가 된 학교 등을 찾아 **<ruby>肝試<rt>きもだめ</rt></ruby>し**담력 테스트를 하기도 해요. 덧붙이자면, 일본의 놀이공원 **<ruby>富士急<rt>ふじきゅう</rt></ruby>ハイランド**후지큐 하이랜드의 **<ruby>お化<rt>ば</rt></ruby>け<ruby>屋敷<rt>やしき</rt></ruby>**귀신의 집, **<ruby>戦慄迷宮<rt>せんりつめいきゅう</rt></ruby>**전율미궁는 세계에서 가장 긴 귀신의 집으로 기네스북에 등재되었다고 해요. 여름에 일본을 방문하실 계획이라면 코스에 넣어 보시는 것도 좋겠네요ᄉᄉ

- 夏といえばやっぱり、花火、海水浴、キャンプ、ラジオ体操だよね。

  여름 하면 역시 불꽃놀이, 해수욕, 캠프, 라디오 체조야.

- 子供のころ、肝試しをやったことが一番思い出に残ってる。

  어린 시절에 담력 테스트 했던 게 가장 기억에 남아 있다.

- まだまだ暑い日が続きますので、夏バテに気を付けてください。

  아직도 더운 날씨가 계속되니까 더위 먹지 않게 조심하세요.

男A 夏といえばやっぱり怖い話、怪談だよな。

　　 ぞっとするような怖い話をして、この暑さをふっ飛ばそう。

女B 私、怖い話、苦手なの。夜、眠れなくなっちゃう。

男A えっ、見かけによらず臆病なんだな。

女B 見かけによらずって、失礼ね。私だってかよわい女性なのよ。

男A あっ、ごめんごめん。失言だった。

남 A　여름 하면 역시 무서운 이야기, 괴담이지.

　　　오싹할 만큼 무서운 이야기로 이 더위를 날려 버리자.

여 B　나 무서운 이야기 싫어하는데. 밤에 잠 못 자.

남 A　오, 보기와 다르게 겁쟁이구나.

여 B　보기와 다르다니, 그런 실례의 말이 어딨어? 나도 연약한 여자라고.

남 A　앗, 미안미안! 내가 말을 잘못했어.

- ぞっとする 소름이 끼치다　　● ふっ飛(と)ばす 세차게 날려 버리다
- 苦手(にがて) 잘하지 못함, 서투름　　● 臆病(おくびょう) 겁쟁이
- かよわい 연약하다, 가냘프다

#081 '머리가 좋다'를 일본어로는?

<ruby>頭<rt>あたま</rt></ruby>がいい

소년탐정 <ruby>金田一<rt>きん だ いち</rt></ruby>김전일, 나루토에 나오는 **シカマル**시카마루, **<ruby>名探偵<rt>めいたんてい</rt></ruby>コナン** 명탐정 코난, 드라마 라이어 게임의 **<ruby>秋山深一<rt>あきやましんいち</rt></ruby>**아키야마 신이치, **ガリレオ**갈릴레오의 **<ruby>湯川<rt>ゆ かわ</rt></ruby>** 유카와 교수, 데스노트의 **<ruby>夜神月<rt>や がみらいと</rt></ruby>**야가미 라이토. 여러분은 이런 캐릭터들에 대해 어떻게 생각하시나요? 저는 워낙 탐정물이나 수사물을 좋아해 등장인물 중 캐릭터가 잘 잡힌, 영리한 등장인물들의 매력에 푹 빠지는 편이에요. 머리가 좋은 캐릭터를 굉장히 좋아하죠.

일본어로 '머리가 좋다'라는 표현은 **<ruby>頭<rt>あたま</rt></ruby>が<ruby>良<rt>よ</rt></ruby>い**라고도 하지만, **<ruby>頭<rt>あたま</rt></ruby>がきれる**라는 말도 많이 써요. 그 밖에 비슷한 표현으로는 **<ruby>賢<rt>かしこ</rt></ruby>い, スマート, <ruby>聡明<rt>そうめい</rt></ruby>, <ruby>利口<rt>り こう</rt></ruby>** 등이 있어요.

한걸음 더

- **<ruby>頭<rt>あたま</rt></ruby>が<ruby>切<rt>き</rt></ruby>れる** 머리가 잘 돌아가다
- **<ruby>頭<rt>あたま</rt></ruby>の<ruby>回転<rt>かいてん</rt></ruby>が<ruby>速<rt>はや</rt></ruby>い** 머리 회전이 빠르다
- **<ruby>賢<rt>かしこ</rt></ruby>い** 현명하다, 영리하다
- **スマート** 스마트
- **<ruby>聡明<rt>そうめい</rt></ruby>** 총명
- **<ruby>利口<rt>りこう</rt></ruby>** 영리함, 똑똑함

● 彼って頭の回転が速いよね。

그는 머리 회전이 아주 빨라.

● 賢一君ってホントに利口だと思わない？

겐이치는 정말 머리 좋은 것 같지 않아?

● 頭の賢い子って、言うことが違うよね。

머리 좋은 아이는 말하는 것도 달라.

女 頭の切れる人って素敵ね〜。

男 頭がいいからって、性格もいいとは限らないんだぞ。

女 それはわかってるけどさ、やっぱり引かれちゃうのよね。

男 だから騙されるんだって。
　　頭が切れるやつは、自己中が多いって知らないのか？

女 騙されてもいいもん。

男 もう、ホント救いようがないな。

여　머리 좋은 사람은 너무 멋있어～.

남　머리 좋다고 성격 좋은 건 아니지.

여　그건 알지만, 아무래도 끌리긴 해.

남　그러니까 속는 거야. 머리 좋은 녀석들이 자기중심적인 거 몰라?

여　속아도 좋다 뭐.

남　정말 구제불능이구나.

● 騙(だま)す 속이다. 달래다　● 引(ひ)かれる (마음이) 끌리다
● 自己中(じこちゅう) 자기중심적인 사람

#082 한국인이 틀리기 쉬운 일본어 5탄! -헬스클럽-

うんどう
運動

....
　여러분은 운동을 좋아하시나요? 좋아하긴 하는데 귀찮아서 쉬고 계시다고
요? 제가 일본에서 지낼 때는 한국 유학생들이 일본인 남성들에 비해 '몸짱'이 많
았던 걸로 기억해요. 아무래도 한국 남자들이 군대의 영향 때문인지 근육질 몸매
에 관심이 많은 편이더군요. 요즘 한국이든 일본이든 부단한 자기관리는 필수죠.
자, 당장 내일부터 관리 들어가야겠다고 마음 먹었으니 헬스장 등록하러 '고고씽
~!!'

그런데, 헬스장 가시기 전에 일본어를 한 번 살펴볼 필요가 있겠네요. 일본인과
대화 도중에 헬스장 얘기가 나오면 영어이다 보니 그대로 가타카나로 바꿔서 **ヘ
ルス**헬스라고 표현하기 쉬운데요. 이 단어는 일본어로 풍속업체 등을 뜻하는 말
이에요. 그러니 우리식 표현대로 헬스클럽, 헬스장을 옮겨 '헤루스'라고 하면 안
되겠죠. 일본어로 헬스장, 피트니스클럽을 말할 때는 **ジム**짐라는 표현을 써요. 괜
히 운동 열심히 한다고 자랑하려다 이상한 곳에나 출입하는 사람으로 오해받아
선 곤란하죠!!

한 걸음 더

- 縄跳び(なわとび) 줄넘기
- 腕立(うでた)て伏(ふ)せ 팔굽혀펴기
- 上体起(じょうたいお)こし 윗몸일으키기
- 懸垂(けんすい) 턱걸이
- 腹筋(ふっきん) 복근

- 最近、フィットネスクラブに通う人が増えてきた。

  요즘 피트니스클럽에 다니는 사람들이 늘어나고 있다.

- 健康的な体を維持するにはヨガが最高よ。

  건강한 몸을 유지하는 데에는 요가가 최고야.

- 仕事の合間に、必ずストレッチしています。

  일하는 짬짬이 꼭 스트레칭을 해요.

이런 대화가 오가요

男 俺、最近、毎日運動しているんだ。

女 へぇ～、ジムに通ってるの?

男 違うよ。家で腕立て伏せ、腹筋、縄跳び、スクワットなどで体を鍛え

てるんだ。

女 それで効果出てきた?

男 もちろんだよ。見てよ、この腕の筋肉。

女 まあ、何日続くか、見ものね。

남 요즘 나 매일같이 운동해.
여 오호, 체육관에 다니는 거야?
남 아냐. 집에서 팔굽혀펴기, 복근 운동, 줄넘기, 스쾃 등으로 몸을 단련하고 있어.
여 그래서 효과는 좀 봤어?
남 물론이지. 이 팔뚝 근육을 좀 봐.
여 뭐, 며칠이나 갈지 두고 봐야지.

- 維持(いじ) 유지   • 合間(あいま) 틈. 짬   • ジム 체육관. 도장
- 鍛(きた)える 단련하다   • 見(み)もの 볼 만한 것

#083 한국의 보양식은 삼계탕! 일본의 보양식은?

土用の丑の日
ど よう　うし　ひ

....

한국의 대표적인 보양식이 삼계탕이라면 일본의 보양식은 우나기(장어)예요. 한국에서 삼복 무렵에 보양식을 먹는데, 일본에서도 **土用の丑の日**토왕의 축일라고 해서 **鰻**우나기를 먹는 날이 있어요.

주로 간장과 설탕을 베이스로 한 소스를 묻혀서 만든 **うな丼**우나기덮밥이나 **うな重**우나기 찬합덮밥가 일반적이지만 **うなぎの蒲焼**우나기 양념구이나 **肝吸い**우나기 내장탕를 먹기도 해요. 우나기를 먹을 때는 **山椒**산초 가루를 뿌려서 먹기도 하죠. 산초 가루가 소화를 돕고 비린 맛을 없애 주거든요.

그 밖에도 우나기를 튀김으로 먹거나 소스를 바르지 않고 그대로 먹는 곳도 있다고 하네요.

한 걸음 더

- **土用(どよう)の丑(うし)の日(ひ)** 장어 먹는 복날
- **サムゲタン** 삼계탕
- **精(せい)** 기력, 원기
- **うな重(じゅう)** 장어 찬합덮밥
- **うなぎの蒲焼(かばやき)** 장어 양념구이
- **山椒(さんしょう)** 산초 가루
- **鰻(うなぎ)** 장어
- **勢力(せいりょく)** 정력
- **夏(なつ)バテ** 여름을 탐
- **うな丼(どん)** 장어덮밥
- **肝吸(きもす)い** 장어 내장탕

이런 말을 자주 해요

- 年<small>とし</small>をとった両親<small>りょうしん</small>に、なにか精<small>せい</small>のつくものでも食<small>た</small>べさせようとスッポンを買<small>か</small>った。

  연로하신 부모님께 뭔가 기력 보충하실 걸 드시게 하려고 자라를 샀다.

- 夏<small>なつ</small>バテしないように、土用<small>どよう</small>の丑<small>うし</small>の日<small>ひ</small>にうのつくものを食<small>た</small>べる。

  더위를 먹지 않게 토왕의 축일에 う(우)가 붙는 음식을 먹는다.

이런 대화가 오가요

娘<small>むすめ</small>　今日<small>きょう</small>は土用<small>どよう</small>の丑<small>うし</small>の日<small>ひ</small>だね。

母<small>はは</small>　じゃ、今日<small>きょう</small>はうな重<small>じゅう</small>か。

娘　やったー。

母　スーパーに行<small>い</small>って買<small>か</small>って来<small>こ</small>なきゃ。

娘　私<small>わたし</small>も行<small>い</small>く。

母　あんたがついて来<small>く</small>ると、余計<small>よけい</small>なものまで買<small>か</small>わされそうなんだけど…。

딸　오늘이 토왕의 축일이잖아요.

엄마　그럼 오늘은 우나주 먹을까?

딸　앗싸~!

엄마　얼른 슈퍼 다녀와야겠네.

딸　나도 갈래요.

엄마　너 따라 가면 쓸데없는 것까지 사 달라고 할 것 같은데….

- 余計(よけい) 쓸데없음, 불필요함

#084 자동판매기의 천국 일본!

じ どうはんばい き
自動販売機

……
흔히들 일본이 '자동판매기의 천국'이라고 하죠.

일본에서는 거리나 공원, 골목길, 건물 등등 자판기가 없는 곳이 거의 없죠. 그래서인지 일본 사람들은 외국을 나가면 불편함을 느낀다고 해요. 몇 걸음만 가면 있던 자판기를 외국에서는 찾기 힘드니 목이 말라도 참아야 하니까요.

일본은 자동판매기의 천국답게 어지간한 물건들은 죄다 **自販機**자판기로 구입할 수 있어요. 음료수는 기본이겠죠. 우유, 건강음료, 캐릭터음료, 맥주, 생맥주, 술안주, 담배, 핫도그, 닭튀김, 타코야키, 껌, 빵, 쌀, 통조림, 우동국물, 크레이프, 달걀, 바나나, 아이스크림, 초밥, 컵라면, 토스트, 넥타이, 양말, 우산, 티셔츠 등등. 정말 없는 것만 빼놓고 다 있네요^^ 참, 투구벌레 자판기, 랍스타 자판기 같은 이색 자판기도 있다고 해요.

여러분! 이런 자판기가 있었으면, 하고 평소 생각해 둔 자판기가 있나요? 기다려 보세요. 곧 일본에서 여러분이 상상하신 자판기가 나올지도 모르니까요. 아니죠, 일본 어딘가에 벌써 나와 있을지도 모르겠네요. 그땐 꼭 찾아가서 이용해 보시길!

한걸음 더

- 自動販売機(じどうはんばいき)、自販機(じはんき) 자동판매기
- 小銭(こぜに) 동전
- おつり 잔돈
- 返却(へんきゃく)レバー 반환 레버

186

- うちの田舎の道の駅には、昔なつかしいうどんの自動販売機がある。

  우리 시골 고향 역에는 옛날 맛 그대로의 우동 자판기가 있다.

- 当たり付きの自販機があるが、一度も当たったことがない。

  복권자판기가 붙어 있는 자판기가 있지만 한 번도 당첨된 적이 없다.

女A ねえ、なんか喉乾いたね。

女B あそこに自販機あるよ。なにか飲もうか。

女A 私何にしようかな?

女B 私これにする。

女A 私どうしよう。迷っちゃう。

女B 早く決めなよ〜。

여A 목이 좀 마르지 않아?

여B 저기에 자판기 있네. 뭐 좀 마시자.

여A 뭐 마실까?

여B 난 이걸로 할래.

여A 난 뭐 마실지 고민된다.

여B 얼른 골라〜.

- なつかしい 그립다   - 当(あ)たる 뽑히다. 나오다

#085 헷갈리기 쉬운 일본어, 병문안 – 맞선!

お見舞^{み ま}い

      일본어를 공부하면서 유독 헷갈리는 단어는 없으셨나요?

저는 발음이 비슷한 두 단어가 헷갈려서 번번이 실수를 하곤 했답니다. 일본어 중에 **お見舞^{み ま}い**오미마이라는 말이 있는데요. '병문안'이라는 뜻이에요. 언젠가 친구에게 지인의 병문안을 간다고 말하려다 잘못해서 **お見合^{み あ}い**오미아이라고 한 적이 있었어요. 글자는 한 글자 차이인데, 뜻은 전혀 다르죠. 오미아이라고 하면 맞선을 뜻하거든요. **お見舞いに行^いく**병문안을 가다가 **お見合いをする**맞선을 보다가 된 셈이네요.

그리고, 또 헷갈리는 단어가 있었는데요. **空港**^{くうこう}쿠우코-와 **航空**^{こうくう}고우쿠-예요. 공항과 항공사가 어찌나 헷갈리던지요. 지금도 사실 이 두 단어는 머릿속에서 생각을 좀 해 봐야 나온다니까요.

여러분은 헤매지 않으려면 처음부터 확실하게 기억해 두세요. 어정쩡하게 알고 있다가는 저처럼 실수하기 딱이거든요.

한걸음 더

- **聞(き)き間違(まちが)い** 잘못 들음
- **勘違(かんちが)い** 착각

- 友達が盲腸で入院したので、お見舞いに行ってきた。
  とも だち もう ちょう   にゅう いん   み ま   い

  맹장으로 입원한 친구의 병문안을 다녀왔다.

- 知り合いのおばさんに勧められてお見合いをした。
  し あ   すす   み あ

  아는 아주머니가 주선하셔서 맞선을 봤다.

이런 대화가 오가요

日本人 A ねえ、あけみさんのお見舞い、どうする?
                                み ま

日本人 B そうね〜。いつがいいかな〜。

韓国人   オミマイ?
        オミマイって、知らない男性と女性が会うことですよね?
                    し   だん せい じょ せい あ

日本人 A あ〜。違うよ。それは、お見合い。
              ちが   み あ

日本人 B そう。お見舞いは、病気の人に会いにいくことよ。
              み ま   びょう き ひと あ

韓国人   そうですか。オミマイとオミアイ、よく似てますね。
                                        に

일본인 A 아케미 씨 오미마이(병문안) 어떻게 할래?

일본인 B 그러게. 언제가 좋을까?

한국인   오미마이? 오미마이는 모르는 남자와 여자가 만나는 거 아닌가요?

일본인 A 아니, 달라. 그건 오미아이(맞선).

일본인 B 그래. 오미마이는 아픈 사람 보러 가는 거야.

한국인   그렇군요. 오미마이하고 오미아이, 많이 비슷하네요.

- 盲腸(もうちょう) 맹장   - 病気(びょうき) 병   - 似(に)る 닮다   - 勧(すす)める 권하다

#086 편리한 여행 일본어 3가지와 どうぞ・どうも!

便利な日本語
<small>べん り</small> <small>に ほん ご</small>

 ·······
여행할 때 일본이 아무리 여행 시스템이 잘 갖추어져 있다고 해도 막상 일본어를 모르면 난감할 때가 많으실 거예요. 그런 상황에 대비해서 알아 두면 편리한 여행 일본어 몇 가지를 소개할게요.

ありがとう / ありがとうございます 고마워 / 고마워요

굳이 설명하지 않아도 잘 아는 표현이죠. 일본 여행지에서 가장 많이 쓰고 듣는 말이 아닐까 싶은데요. **ありがとう**고마워라고 해야 할지, **ありがとうございます**고맙습니다라고 해야 할지 그때그때 상황에 따라서 구분해서 쓰세요.

すみません 죄송해요 / 저기요

'죄송해요'라는 사과의 뜻으로 쓰이기도 하지만, 가게에서 점원을 부르거나 누군가에게 말을 걸 때 '저기요'와 같은 개념으로 쓸 수 있어요. 일본 여행지에서 아주 요긴한 표현이죠.

これください 이거 주세요

'이것'을 뜻하는 **これ**고레와 '주세요'라는 뜻의 **ください**쿠다사이를 합친 말이죠. 이 표현도 의외로 여행하다 보면 많이 쓰게 돼요. 일본어가 서툰 상황에서 쇼핑할 때나, 음식점에서 주문할 때 이 표현만으로도 충분히 위기를 넘길 수 있답니다.

꼭 '이거 주세요'라고만 해도 될까, 살짝 걱정스러우신가요? 물론 얼마든지 다른 다양한 표현이 있어요. 저거 주세요, OO주세요 등등. 하지만 지금은 일본어를 모르는 상황이니 가장 짧고 명확한 말로 대처하는 게 좋겠지요. '이거 주세요!' 한마디면 충분합니다.

どうぞ・どうも

앞서 3가지 표현 말고도 많이 듣게 될 말이죠. 이 둘은 비슷해 보이지만 뜻은 전혀 달라요.

どうぞ

뭔가를 상대방에게 권하거나 허가의 표현이에요. 어떤 것을 정중하게 부탁하거나 마음속으로 간절하게 바랄 때도 쓰지요.

それではご覧ください。どうぞ。	자 그럼, 봐 주세요.
どうぞ、お召し上がりください。	어서 잡수세요.
どうぞ、お許しください。	모쪼록 용서해 주세요.
どうぞ、大学に入れますように。	부디 대학에 합격하기를!

どうも

고마움이나 사과의 뜻을 강조하고 싶을 때, 어떤 일에 대해서 원인과 이유를 확실히 잘 모를 때 쓰는 표현이에요. 또, 인사 대신 쓰기도 하는데요. おはよう나 こんにちは 대신 どうも라고 해도 돼요. 이때 처음 만난 사람에게 가볍게 사용하면 실례가 될 수 있으니 주의하세요.

どうもありがとうございます。	정말 고마워요.
どうもすみません。	정말 죄송해요.
どうも失礼しました。	정말 실례 많았어요.
何度やってもどうもうまくいかない。	몇 번을 해 봐도 잘 안 된다.
どうも調子がおかしい。	아무래도 상태가 이상하다.
日本語はどうも苦手だ。	일본어는 정말 못한다.

(이런 말을 자주 해요)

• 小1の教科書に「どうぞのイス」というかわいいお話が載っている。

　초등학교 1학년 교과서에 'どうぞのイス(토끼의 의자:번역본)'라는 사랑스러운 동화가 실려 있다.

• 「どうぞ、どうぞ」と食事をすすめられ、つい食べすぎてしまった。

　'드세요, 어서 드세요' 하고 식사를 자꾸 권해서 그만 과식하고 말았다.

お客^{きゃく}　あ。ペンがない。

区役所^{くやくしょ}の人^{ひと}　これ、どうぞ。

お客　あ、どうも。

　　　あ。間違^{まちが}えちゃった。

区役所の人　(新^{あたら}しい用紙^{ようし}を差^さし出^だして) どうぞ。

お客　重^{かさ}ね重^{がさ}ね、すみません。

区役所の人　どういたしまして。

　　　　　　＜書^かき終^おえて＞

お客　全部^{ぜんぶ}書^かきました。これでいいですか？

区役所の人　はい。

손님　어? 펜이 없네.

구청 직원　이거 쓰세요.

손님　아, 고마워요.

　　　앗! 틀려 버렸네.

구청 직원　(새로운 용지를 내밀면서) 이거 쓰세요.

손님　자꾸 죄송해요.

구청 직원　천만에요.

　　　〈다 쓴 후〉

손님　전부 썼습니다. 이것으로 됐나요?

구청 직원　네.

- 間違(まちが)える 틀리다
- 差(さ)し出(だ)す 내밀다
- 重(かさ)ね重(がさ)ね 자주, 잇따라

先輩 どうしたんだ？ 何かあったのか？

後輩 あ、先輩。最近、どうも仕事がうまくいかなくて。

今日も部長に怒られたんですよ。

先輩 そうか… スランプか。あるよな。そういうとき。

後輩 はい。先輩はこういうときどうしたんですか？

何かいい方法があれば、どうぞ教えてくださいよ。先輩。

先輩 オレ？そうだなぁ。オレは山登りが趣味だから、山に登ればいやな

こと忘れられるからな〜。

後輩 山ですか？ いいですね。

先輩 お前も今度一緒に行くか？ 連れて行ってやるよ。

後輩 はい。ぜひ。

선배 왜 그래? 무슨 일 있었어?

후배 아, 선배. 요즘 아무래도 일이 잘 안 돼요. 오늘도 부장님에게 혼났어요.

선배 그래, 슬럼프인가. 그럴 때가 있긴 하지.

후배 네. 선배는 이럴 때 어떻게 했어요? 무슨 좋은 방법 있으면 알려 주세요. 선배.

선배 나? 글쎄, 난 등산이 취미라 산에 올라가면 속상했던 일 같은 건 잊어버리게 되는데.

후배 산 말인가요? 좋네요.

선배 너도 언제 한번 같이 갈래? 데려갈게.

후배 네. 꼭이에요.

● 仕事(しごと)がうまくいかない 일이 잘 안 풀리다　　● 連(つ)れて行(い)く 데려가다

#087 일본에서는 마늘 냄새를 조심하라?

ニンニクの匂いに注意
にお　　　　ちゅう い

단군신화에도 등장하는 **にんにく**마늘, 한국 음식에는 빠지지 않는 식재료로 면역력을 높여 주고 항암 효과도 있다고 해서 다들 즐겨 먹죠. 저도 고기 먹을 때는 마늘과 같이 싸서 먹는 걸 좋아하는데요. 일본에서 지낼 때는 마음껏 먹질 못했어요. 특히 고객 상대가 주된 업무인 호텔에서 일할 때는 꼭 피해야 할 음식 중 하나였죠. 마늘보다는 직장이 중요했으니까요^^ 그래서 궁여지책으로 다음 날이 쉬는 날일 때만 먹었다는 슬픈 이야기가….

물론 일본에서도 마늘을 먹긴 해요. 대신 한국처럼 자주 먹진 않죠. 그래서 마늘 냄새에 민감한 것 같아요. 저처럼 서비스직에서 일한다거나 데이트가 예정되어 있다거나 중요한 회의가 잡혀 있을 때는 마늘이 먹고 싶어도 조금만 참으세요.

일본이든 한국이든 마늘을 드실 땐 양과 타이밍 조절에 신경을 쓰시면 여러분의 건강도 대인 관계도 만사형통할 것 같네요!!

한걸음 더

- **匂(にお)い** 냄새
- **臭(にお)う** 냄새가 나다
- **口臭(こうしゅう)** 구취, 입냄새
- **お口(くち)のエチケット** 입 속의 에티켓
- **香(かお)り** 향기, 좋은 냄새

• 韓国に行って焼肉を食べた時、ニンニクを焼いて食べたんだけど、それがすごくおいしかった。

한국에서 야키니쿠를 먹으면서 마늘을 구워 먹었는데, 정말 맛있었어.

• ニンニクが体にいいというので毎日食べている。

마늘이 몸에 좋다고 해서 날마다 먹고 있다.

이런 대화가 오가요

女A　あんた、昨日ニンニク食べたでしょう?

女B　やだ。臭う?

女A　うん。ちょっと。ガム噛んだら?

女B　そうだね。

女A　はい、コレ。バラの香りのガムだって。

女B　サンキュー。

여A　너, 어제 마늘 먹었지?
여B　어머, 냄새 나?
여A　응. 조금. 껌 씹는 게 어때?
여B　그럴까.
여A　여기, 받아. 장미 향 나는 껌이래.
여B　땡큐!

• 噛(か)む 씹다

#088 일본의 목욕 문화!

お<ruby>風<rt>ふ</rt></ruby><ruby>呂<rt>ろ</rt></ruby>

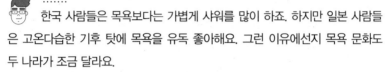

한국 사람들은 목욕보다는 가볍게 샤워를 많이 하죠. 하지만 일본 사람들은 고온다습한 기후 탓에 목욕을 유독 좋아해요. 그런 이유에선지 목욕 문화도 두 나라가 조금 달라요.

여러분은 집에 있는 욕조를 어떻게 활용하시나요? 이불 빨래? 김장용 배추 절이기? 욕조가 있어도 제대로 활용을 못 하실 거예요. 그런데 이웃 일본에서는 욕조 목욕을 굉장히 많이 해요. 욕조에 물을 받아 저녁이면 식구대로 두루 사용한답니다. 손님이 있는 경우에는 손님이 먼저 할 수 있도록 배려하기도 하고요. 일본 가정에 손님으로 방문하실 일이 있다면 목욕 후 욕조 물을 절대로 버리면 안 되겠죠. <ruby>垢<rt>あか</rt></ruby>すり 때밀이는 더더욱 안 되고요. 온 가족, 심지어 손님까지 함께하는 목욕이 위생적으로 좋지 않다고 생각할 수도 있을 텐데요. 일본에서는 욕조에 들어가기 전에 몸을 깨끗하게 씻으니 걱정 마세요. 이렇듯 일본의 お<ruby>風<rt>ふ</rt></ruby><ruby>呂<rt>ろ</rt></ruby>오후로 문화는 단순히 몸을 씻는다기보다는 따뜻한 욕조에서 하루의 피로를 푸는 개념으로 이해하셔야 해요.

한걸음 더

- お風呂(ふろ) 목욕
- 行水(ぎょうずい) 목욕재계
- カラスの行水(ぎょうずい) 까마귀 미역감기(목욕통에 들어갔다가는 곧 나오는 목욕)
- 一風呂(ひとふろ)、一風呂(ひとっぷろ) 한 차례 목욕함
- 長風呂(ながぶろ) 목욕 시간이 긺
- 風呂上(ふろあが)り 목욕을 끝내고 나옴
- 垢(あか)すり 때밀이

- うちの息子はいつもカラスの行水だ。お風呂に入ったと思ったら 10分もしないうちに出てくる。

  우리 아들은 맨날 까마귀 미역감기다. 목욕하러 들어갔나 싶으면 10분도 안 되어 나온다.

- 汗もかいたことだし、一風呂浴びてさっぱりするか!

  땀도 흘렸겠다 한 차례 개운하게 씻을까!

- 風呂上がりのビールはやっぱ最高だ。

  목욕하고 나서 마시는 맥주가 역시 최고야!

弟　ねーちゃん、まだ風呂入ってんの?

母　そうね。あの子は長風呂だからね。

弟　オレ、さっさと風呂入って寝てぇのに。

母　もうちょっとかかりそうだよ。

弟　姉ちゃん、長すぎんだよ。

母　何言ってんの。あんたは短かすぎるのよ。

동생　누나 아직도 목욕하고 있어요?

엄마　응. 네 누나는 목욕 시간이 길잖니.

동생　나, 얼른 목욕하고 자고 싶은데요.

엄마　좀 더 있어야 될 거 같아.

동생　누나는 목욕을 왜 그렇게 오래하는지 모르겠어요.

엄마　누가 할 소리를. 그러는 넌 물만 묻히고 나오잖아!

- さっぱり 후련한 모양, 산뜻한 모양

#089 일본 술집에서 안주 시키기!

おつまみ

....
술자리에서 술보다 **おつまみ**안주를 더 챙겨 먹는 사람들더러 '안주발 세운다'고 하죠. 여러분은 어느 쪽이신가요? 일본 술집에서 안주를 주문할 때 필요한 몇 가지 팁을 알려 드릴게요.

우선 **お肉**(にく)고기 3가지 정도를 알고 있으면 든든하실 거예요.

牛(うし) 소　　**豚**(ぶた) 돼지　　**鶏**(とり) 닭

고기만 먹을 순 없겠죠. 건강 생각해서 **野菜**(やさい)야채도 듬뿍!

キャベツ 양배추	**茄子**(なす) 가지	**トマト** 토마토	**さつまいも** 고구마
じゃがいも 감자	**人参**(にんじん) 당근	**大根**(だいこん) 무	**ほうれんそう** 시금치
ねぎ 파	**にら** 부추	**もやし** 콩나물	**たまねぎ** 양파
きゅうり 오이	**生姜**(しょうが) 생강		

참, 각종 야채를 섞어 소스를 뿌려 먹는 **サラダ**샐러드도 있답니다.

끝으로 조리 방법을 알고 있으면 취향대로 주문하실 수 있을 거예요.

焼(や)く 굽다　**炒**(いた)める 볶다　**揚**(あ)げる 튀기다　**煮**(に)る 삶다, 조리다　**串**(くし) 꼬치

참, **刺身**(さしみ)회는 **お造**(つく)り오츠쿠리라고 표시해 놓기도 해요. 생선회를 공손하게 부르는 말이라고 하네요.

한걸음 더

- **お食事(しょくじ)、ご飯物(はんもの)** 식사
- **盛(も)り合(あ)わせ** 모듬
- **デザート、甘味(かんみ)** 디저트
- **鍋(なべ)** 전골 요리
- **おつまみ** 안주
- **水菓子(みずがし)** 과일

이런 말을 자주 해요

- 居酒屋に行くと最初に出てくる付出し、おいしい時はいいけど、外れた時はえっー?!って思う。

  이자카야에서 처음에 나오는 가벼운 안주가 맛있을 땐 맛있는데, 맛없을 땐 정말 술맛이 안 난다.

- 皆と飲みに行って、お酒が飲めない私はおつまみばっか食べてる。

  다 같이 술 마시러 가면 술을 못하는 나는 안주발만 세운다.

- うちのだんなは柿ピーとさきいかをつまみながらビールを飲むのが好きだ。

  우리 남편은 맥주 안주로 가키피와 오징어채를 좋아한다.

이런 대화가 오가요

店員　いらっしゃいませ。なんにしましょう?

お客A　とりあえず、枝豆とビール。

店員　はい。おまたせしました。

お客A　これこれ。夏はやっぱこれだよね〜。(ゴクゴク)

お客B　他、何頼む?

お客A　焼き鳥と、揚げ出し豆腐とそれから…。

점원　어서 오세요. 주문하시겠어요?

손님 A　우선 풋콩하고 맥주부터 주세요.

점원　네. 오래 기다리셨습니다.

손님 A　바로 이거야. 여름엔 역시 맥주가 그만이지. (벌컥벌컥!!)

손님 B　다른 거 뭐 주문할까?

손님 A　닭꼬치하고 두부튀김하고 또….

- 付出(つきだ)し 처음에 내놓는 가벼운 안주
- 柿(かき)ピー 과자 이름으로 감씨 모양(柿)의 과자와 피너츠(ピー)가 들어 있음

#090 일본 여성은 한국 남성을 어떻게 생각할까?

日本の女性は韓国の男性をどう思ってるか

주위에 외국어를 처음 배우는 사람이 부쩍 실력이 좋아졌다면? 십중팔구 여자친구나 남자친구가 생겼다고 보시면 돼요. 외국어 공부에 이성 친구가 실로 큰 도움이 되죠. 1990년대 말부터 불어닥친 한류 열풍으로 일본에서 한국 남성에 대한 이미지가 많이 좋아졌죠. 한국 남성이 일본인 여자친구를 사귀고, 일본어 실력도 좋아지고 싶다면 주의해야 할 점이 있답니다.

여러분 앞에 마음에 드는 여성이 있다면 어떻게 하시겠어요?

열 번 찍어 안 넘어가는 나무 없다며 주구장창 대시를 하실 건가요? 스토커로 오해받기 딱이겠네요. 우선 일본 여성의 거절법도 알아 두세요. 일본 여성들은 상대가 마음에 들지 않을 때 직접적으로 싫다고 하지 않고, 친구와 약속이 있다거나 일이 좀 바쁘다는 둥, 에둘러서 표현하는 경우가 많으니 여러분의 마음을 받아 주겠다는 뜻인지 거절인지 얼른 눈치채셔야 해요.

그렇다면 한국 드라마나 영화에 푹 빠진 일본 여성들에게 한국 남성의 이미지는 어떨까요? 상냥하다, 남자답다, 자상하다 등등, 한국 남성에 대한 이미지가 좋은 편이에요. 한류의 영향도 있지만, 두 나라 간의 문화적인 차이이기도 하죠. 한국 남성들이 여성이 힘든 일을 하는 걸 보고만 있지 않는다거나, 애정 표현도 일본 남성들에 비해 적극적이라는 게 일본 여성에게는 매력적으로 보일 수도 있으니까요. 아무튼 어디서나 진심은 통하게 마련이고 자상한 남자 싫어하는 여자분을 본 적 없으니 한국의 사랑꾼들, 파이팅하시길!

※ 일본인 이성과 교제를 생각하고 있다면 일본의 더치페이 문화와 맞장구 문화도 알아 두면 좋아요.

- 韓国ドラマに憧れて、韓国の男性と付き合いたいと言っていた友達が、ほんとうに韓国に留学した。

  한국 드라마를 좋아해서 한국 남자와 사귀고 싶다던 친구가 정말 한국으로 유학을 갔다.

- 韓国の男性は、電話やメールなどこまめに連絡してくれるし、イベント好きでもあるらしい。

  한국 남자는 전화나 메일 같은 걸로 연락도 자주 하고 이벤트를 좋아하는 것 같다.

女A　ねえ、最近ドラマ何見てる?

女B　私? 私は今、韓国ドラマにハマってて、そればかり見てる。

女A　そうなんだ。私、まだ見たことない。

女B　見たらいいよ。面白いから。なんってたって、かっこいいし。

女A　そうだね。韓国の男の人、みんなかっこいいよね。背高いし。

女B　それに、優しそうじゃん。

여 A　요즘 드라마 뭐 봐?

여 B　나? 난 지금 한국 드라마에 푹 빠져서 그것만 보고 있어.

여 A　그래? 난 아직 본 적 없는데.

여 B　얼마나 재미있다고. 너도 보면 좋아할걸. 뭐니 뭐니 해도 멋있고 말이지.

여 A　그건 그래. 한국 남자들 다들 멋지지. 키도 크고 말야.

여 B　게다가 다정할 것 같잖아.

- こまめに 여러 번, 자주
- 面白(おもしろ)い 재미있다
- かっこいい 멋지다
- 優(やさ)しい 다정하다, 아름답다

#091 일본의 숫자 공부법!

数字 _{すうじ}

일본어로 숫자 공부하기가 여간 어려운 게 아니죠! 우리말로 숫자가 나와도 헤매는데, 하물며 외국어로 숫자를 익혀야 하다니, 너무하다 싶으시죠? 하지만 실생활에서 숫자를 쓸 일이 많으니 어렵더라도 일본어로 자꾸 숫자 읽는 법을 연습해 보세요. 당연히 처음엔 숫자를 보고 일본어가 바로 나오진 않을 거예요. 머릿속으로 一이치, 二니, 三상, 四시·용, 五고, 六로쿠, 七시치 하고 되뇌이다 보면 눈과 귀에 익숙해질 거예요.

저도 처음엔 일본어 숫자 공부가 힘들었어요. 숫자라는 게 안 쓰면 금방 잊어버리잖아요. 그래서 눈에 보이는 숫자는 무조건 일본어로 읽어 보는 방법을 써 봤죠. 물건값이든 휴대전화 번호든 뭐든 숫자만 보면 일본어로 연습해 보세요. 세계 어디서나 쓰는 숫자라고 해서 연습을 게을리 했다간 낭패랍니다. 숫자 공부한다고 몇 시간씩 책상에 앉아 외우는 것도 우습잖아요. 그때그때 생활 속에서 눈에 띄는 숫자를 연습해 보면서 필요할 때 아웃풋해 보세요. 실제 대화 중에도 일본어 숫자가 훨씬 자연스러워질 거예요.

참, 숫자 공부의 대미는 자동차 번호판을 빠르게 읽어 내는 건데요. 그렇다고 운전 중에 숫자 공부를 하시는 건 아니겠죠!? 절대 안 돼요!!

한걸음 더

- 語呂合(ごろあ)わせ 고로아와세(어떤 음에 맞추어 뜻이 같지 않은 다른 말을 만드는 언어 유희)
- 掛(か)け算(ざん) 곱셈
- 九九(くく) 구구단

- 覚えにくい数字は語呂合わせで覚えるといい。

  외우기 어려운 숫자는 語呂合わせ(고로아와세)로 외우면 좋다.

- 小学生のうちの子は掛け算を覚えようと、毎日呪文のように九九の歌を歌ってる。

  초등학생인 우리 아들은 곱셈을 외우려고 날마다 주문처럼 구구단 노래를 부른다.

女A ねえ、スカイツリーの高さ知ってる?

女B 勿論。みんな知ってるよ。ムサシで634m。

女A じゃ、富士山は?

女B えー!? 富士山? わかんない。

女A 3776mだよ。
「富士山みたいな立派な人にミナナロ〜」って覚えるんだよ。

女B すごい。それいいね。覚えとこ。

여A 스카이트리 높이가 얼마인지 알아?

여B 물론이지. 다들 알고 있어. 武蔵(むさし:무사시)와 발음이 비슷한 634미터야.

여A 그럼, 후지산은?

여B 응? 후지산? 모르는데.

여A 3776미터야.
ミナナロ〜(미나나로〜)로 외우고 있어. '후지산처럼 훌륭한 사람이 皆(み)ななろう(모두 되자)'

여B 대단한데. 그거 좋다. 꼭 기억해 둬야겠어.

- 武蔵(むさし) 무사시(도쿄를 둘러싼 수도권의 옛 이름)

#092 일본은 아직 현금주의(?)

日本はまだ現金主義(?)
にほん　　　　げんきんしゅぎ

　　　일본은 현금 사용 비중이 높은 나라죠. 경제대국이라 불리는 나라지만 카드 결제보다는 현금을 선호하는 현상이 뚜렷해요. 물론 일본도 신용카드나 스이카, 파스모 같은 IC카드를 사용하고는 있지만, 여전히 현금 사용이 많은 나라예요. 제로 금리, 마이너스 금리 상황에서 근검절약 의식이 강한 일본인들에게 신용카드보다는 현금이 훨씬 매력적이었던 모양이에요. 우리 모두가 여실히 경험하고 있잖아요! 월급이 통장을 스쳐 지나간 흔적을. 이렇듯 신용카드는 곧 빚이라는 인식 탓인지 일본인들은 현금 사랑이 대단해요. 그만큼 카드 사용이 보편화되어 있지 않아 불편함을 느낄 수도 있어요.

저도 일본에서는 동전지갑을 챙겨 다니며 현금을 쓰곤 했는데요. 이런 상황이 익숙하지 않은 한국 여행자들은 일본 여행이 끝나갈 무렵이면 동전이 한 보따리라고 불평하시기도 하죠. 현금을 쓸 때마다 미리 동전 준비하는 습관이 안 되어 있다 보니 매번 지폐만 쓰다 결국 동전만 쌓인 거죠. 일본에서는 동전을 하나하나 세어 계산한다고 뭐라 하지 않으니 안심하시고 동전 지불에 도전해 보세요. 참, 여행 중에 급히 현금이 필요할 땐 일본 세븐일레븐의 ATM을 이용하세요. 한국 체크카드로 현금 인출이 가능하고, 다국어 지원이 되므로 여러모로 편리하답니다.

한 걸음 더

- デビットカード 직불카드
- 溜(た)まる 쌓이다
- お札(さつ) 지폐
- 小銭(こぜに) 동전
- 端数(はすう) 우수리, 끝수
- じゃらじゃら 짤랑짤랑

- 世界的にキャッシュレスの時代に進んでいるが、日本はまだまだ普及率が低い。

  세계적으로 점점 현금이 사라지는 추세인데 일본은 아직도 보급률이 낮다.

- デビットカードとは、銀行引き落としタイプのカードのことだ。

  직불카드란 은행 예금계좌에서 직접 이체되는 카드를 말한다.

女A 買い物すると小銭が溜まるよね〜。

女B 私は溜まるのいやだから、端数もきっちり小銭で出してるよ。

女A すごい。私は、めんどくさくて、ついお札出しちゃうよ。

女B だから、溜まるんだよ。

女A 消費税のせいで、1円玉がジャラジャラあるよ。

女B じゃ、レジの横の募金箱にでも入れたら?

여A 쇼핑만 하면 동전이 쌓인다니까.

여B 난 동전 쌓이는 게 싫어서 잔돈까지도 정확하게 챙겨서 내.

여A 대단하네. 난 귀찮아서 그냥 지폐로 내 버리는데.

여B 그러니까 동전이 쌓이는 거야.

여A 소비세 때문에 1엔짜리 동전이 짤랑짤랑거려.

여B 그럼. 계산대 옆에 있는 모금함에라도 넣는 게 어때?

- 引(ひ)き落(お)とし 이체, 송금

#093 한국과 일본의 전압 차이!

電圧の違い
でんあつ　ちが

한국에서 사용하던 전자제품을 일본에서 사용하려고 할 때 그냥 콘센트에 돼지코(변환플러그)만 끼워서 사용할 수는 없어요. 한국과 일본은 전압이 다르기 때문이죠.

요즘에는 100~200볼트 전압에서 사용할 수 있는 프리볼트 제품이 나와 돼지코만 끼워서 쓸 수 있긴 하지만, 기본적으로 220~240볼트라고 표시되어 있으면 일본에서는 변압기를 써야 해요. 특히 열을 발생시키는 제품 같은 경우 전기를 많이 먹기 때문에 주의해야 합니다.

저도 어렸을 때 아무것도 모르고 일본 게임기를 돼지코만 끼워서 썼다가 망가뜨렸던 기억이 나네요. 요즘은 여행용 변압기도 잘 나와 있으니 꼼꼼히 준비해 두세요.

한걸음 더

- **オール電化(でんか)** 가정 내의 모든 에너지를 전기로 씀
- **電化製品(でんかせいひん)** 전기제품
- **家電製品(かでんせいひん)** 가전제품
- **変圧器(へんあつき)、トランス** 변압기, 트랜스
- **差(さ)し込(こ)み** 플러그

● 買ったばかりのドライヤーを200ボルトのコンセントに差して、
壊してしまった。

산 지 얼마 안 된 드라이어를 200볼트 콘센트에 꽂아서 망가뜨리고 말았다.

● 最近、オール電化の家が増えてきて、200ボルト対応の家電も増え
てきた。

최근 가정 내의 모든 에너지를 전기로 쓰는 집이 증가하면서 200볼트용 가전제품도 많아졌다.

女A 私さ、今度韓国に旅行に行くんだけど、電圧違うんだっけ?

女B うん。違うよ。韓国は220ボルトだから、そのまま使っちゃうと大
変なことになるよ。

女A どうしよう。私おっちょこちょいだから、心配。

女B 大丈夫だよ。差し込み口の形が違うから、使えないし。

女A どんな形?

女B たしか、丸だったと思うよ。

여 A 나 이번에 한국으로 여행 가는데, 전압이 다르다며?
여 B 응. 달라. 한국은 220볼트라서 그대로 쓰면 큰일 나.
여 A 어쩌지. 내가 좀 덜렁대는 성격이라 걱정이야.
여 B 괜찮아. 플러그 모양이 달라서 그대로 쓸 수도 없거든.
여 A 어떤 모양인데?
여 B 아마 동그라미였던 것 같아.

● ドライヤー 드라이어   ● おっちょこちょい 경박함. 졸랑이

#094　일본 음식점에서는 밑반찬이 공짜가 아니라구요?

日本の食堂
にほん　しょくどう

　　　밑반찬이 다양한 한국과 달리 일본 음식점에서는 **おかず**밑반찬가 거의 안 나오죠. 물론 일본의 **定食**정식 같은 요리를 주문하면 **味噌汁**된장국와 **漬物**절임 몇 개가 나오기도 하지만, 대부분의 음식점에서는 주문한 메인 요리 이외에는 따로 음식값을 내야 해요.

그런데 여러분은 한국에서 **外食**외식를 할 때 밑반찬까지 싹 비우고 오시나요? 저는 그렇질 못 하거든요. 다 먹는다고 먹는데도 항상 밑반찬을 남기게 되더라고요. 그럴 때면 밑반찬을 따로 돈을 주고 사 먹는 일본식 시스템이 나은 것 같기도 해요. 제가 밑반찬을 그닥 좋아하지 않아서일 수도 있겠죠. 저와 달리 밑반찬을 좋아하고 식성이 좋으신 분들은 일본 음식점에서는 메인 요리만 나오는 데다 뭐 하나 주문하면 **追加料金**추가요금이 든다는 게 불만이실 거예요. 밑반찬 다양한 한국식을 좋아하거나, 밑반찬이 없더라도 메인 요리에 신경을 쓰고 가격을 낮춘 일본식을 좋아하거나 결국은 각자의 취향이겠죠. 저라면 맛있는 메인 요리와 소박한 밑반찬을 선택하겠어요. 여러분은 어떤 게 좋으신가요? 그래도 골라 먹는 재미가 있어야지, 하시면서 다양한 밑반찬이 나오는 음식을 즐기실 건가요? 그래요, 내가 주문한 요리 이외에 어떤 음식이 나올까 기다리는 즐거움 또한 별미 같겠네요.

한걸음 더

- **ファミレス** 패밀리 레스토랑
- **家族連(かぞくづ)れ** 가족 동행, 가족 동반
- **お代(か)わり** 같은 음식을 다시 더 먹음
- **お手頃(てごろ)** 알맞음, 적당함
- **おかず** 반찬

- 韓国の食堂では、おかずが色々出てきて、しかもお代わりしてもいいというのでびっくりした。

  한국 식당에서는 반찬 가짓수도 다양하게 나오는 데다 마음대로 더 먹을 수 있다는 게 놀라웠다.

- ファミレスは、ドリンクバーやサラダバーもあるし、メニューも色々あり値段もお手頃なので、家族連れや学生たちに人気だ。

  패밀리 레스토랑은 음료나 샐러드바가 있고 메뉴도 다양하고 가격도 적당해서 가족 동반이나 학생들에게 인기다.

女A 私、この間、韓国に行ってきたんだ。

女B わ、どうだった? よかった?

女A うん。よかったよ。韓国いっぱい食べてきた。

女B 美味しかった?

女A うん。美味しかったよ。しかも、おかず、お代わり自由なんだよ。

女B へえ〜。いいな。私も行きたかった〜。

여A 나 요전에 한국 갔다 왔어.

여B 어머, 어땠어? 좋았어?

여A 응. 재미있었어. 야키니쿠 실컷 먹고 왔지.

여B 맛있디?

여A 응. 정말 맛있었어. 게다가 반찬도 마음대로 더 먹을 수 있었어.

여B 와〜 좋았겠다. 나도 갈걸 그랬어.

#095 일본 유학생에게 필요한 자격외활동허가서!

資格外活動許可証
しかくがいかつどうきょかしょう

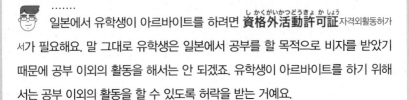

⋯⋯⋯⋯
일본에서 유학생이 아르바이트를 하려면 **資格外活動許可証**자격외활동허가
しかくがいかつどうきょかしょう
서가 필요해요. 말 그대로 유학생은 일본에서 공부를 할 목적으로 비자를 받았기 때문에 공부 이외의 활동을 해서는 안 되겠죠. 유학생이 아르바이트를 하기 위해서는 공부 이외의 활동을 할 수 있도록 허락을 받는 거예요.

간혹 대학의 긴 방학 기간을 이용해 일본어도 공부하고 아르바이트도 하고 싶다며 제게 조언을 구하는 분들이 계신데요. 여행비자로 일본에 가서 아르바이트를 하는 건 불법이라는 사실 잊지 마세요. 일본 유학비자와 자격외활동허가서를 갖춰야지만 일본에서 아르바이트를 할 수 있어요.

그리고, 자격외활동허가서가 있다고 해도 성풍속업체라든가 성매매업체에서의 아르바이트는 엄연히 법으로 금지되어 있어요. 이런 곳에서의 청소나 설거지도 안 됩니다!!

한걸음 더

- **ワーキングホリデー** 워킹홀리데이
- **アルバイト** 아르바이트
- **時給(じきゅう)** 시급
- **日給(にっきゅう)** 일급
- **月給(げっきゅう)** 월급
- **不法滞在(ふほうたいざい)** 불법 체류
- **ビザの申請(しんせい)** 비자 신청

• 海外からの留学生がアルバイトをする場合、資格外活動許可を取らなければならない。

외국 유학생이 아르바이트를 할 경우 자격외활동허가를 받아야 한다.

• 彼はワーキングホリデーで日本に来て、今も日本に住んでいるそうだ。

그는 워킹홀리데이로 일본에 와서 지금껏 계속 살고 있다고 한다.

女A ねえ、最近、コンビニで働く外人さん、増えたよね。

女B そうだね。うちの近くのコンビニにもいるよ。

女A 聞いたことない国の人もいたよ。

女B だよね。

女A でさぁ、うちらより、キレイな日本語使ってたりするんだよね。

女B ホントホント。それは言える。

여A 요즘 편의점에서 일하는 외국인이 많아졌어.
여B 맞아. 우리 집 근처 편의점도 그래.
여A 난 한번도 들어 본 적 없는 나라 사람도 있더라고.
여B 내 말이.
여A 근데 말야. 일본어를 우리보다 더 잘하는 거 있지.
여B 정말 그래. 나도 동감이야.

• うちら 우리들

#096 일본의 결혼과 연애에 대한 이야기!

<ruby>結婚<rt>けっこん</rt></ruby>と<ruby>恋愛<rt>れんあい</rt></ruby>

흔히들 일본은 가깝고도 먼 나라라고 하죠. 지리적으로는 가까운 나라임이 분명하지만 여러 가지 문화적 차이가 있어요. 결혼과 연애관도 조금씩 다른데요. 예를 들어 한국은 결혼식을 올린 후 혼인신고를 하는 경우가 일반적이지만, 일본은 혼인신고를 먼저 하고 결혼식을 나중에 하는 경우가 많아요.

개인적으로 일본인의 연애관이 한국보다 개방적이라는 느낌을 받았어요. 남녀 사이의 同棲동거도 색안경을 끼고 본다거나 하지 않아요. 보수적인 제 입장에서는 얼른 수긍이 안 가긴 했지만, 사회 전반적인 분위기가 그렇다 보니 자유로운 연애, 동거 문화가 자리 잡게 된 것 같아요. 제 지인 중에는 사귄 지 한 달 만에 동거를 한다는 커플이 있어서 깜짝(?) 놀란 적이 있었죠.

남녀의 연애나 결혼에 관해서 서구 스타일, 한국 스타일, 일본 스타일 이렇게 딱 잘라 구분 짓기는 어려워요. 지극히 개인적인 영역이니까요. 그저 각 나라의 문화마다 분위기가 조금씩 다르다는 사실을 이해하시면 좋을 거예요.

혼전순결의 개념 중에 남자는 童貞동정, 여자는 処女처녀라는 표현을 쓰죠. 앞서 나왔듯이 한국에서는 결혼하지 않은 커플이 함께 사는 걸 동거라고 하지만, 일본에서는 同棲라고 해요. 한국과는 단어가 달라 착각하기 쉬운데요. 일본에서 同居는 단순히 한집에 함께 산다는 뜻이에요.

한걸음 더

- 入籍(にゅうせき)する 입적하다
- 籍(せき)を入(い)れる 호적에 올리다
- ルームシェア 룸메이트, 룸 셰어

- ルームシェアが新しい暮らしのスタイルとして若者を中心に人気を集めている。

  젊은이들을 중심으로 룸 셰어가 새로운 주거 형태로 인기를 끌고 있다.

- 私の友達は今までずっと同棲していたのだが、この春やっと籍を入れたそうだ。なにかお祝いしなきゃ。

  친구가 지금까지 줄곧 동거하다가 올봄에 드디어 결혼했다고 한다. 뭔가 축하를 해 줘야겠다.

女A ねえ、聞いて聞いて。

女B なに?

女A あのね、今日彼氏んちにお泊まりなんだ。

女B そう。いいわね。

女A なに、張合いのないその返事。

女B 普通、人の惚気話聞いたって面白くないでしょう～。

여 A 있잖아, 내 말 좀 들어 봐.
여 B 뭔데?
여 A 나 오늘 남자친구 집에서 잘 거다.
여 B 그래. 좋겠네.
여 A 뭐야, 그 영혼 없는 대답은.
여 B 보통 남의 연애담 들어봤자 재미없잖아～.

- お泊(と)まり 숙박   • 張合(はりあ)い 의욕
- 惚気話(のろけばなし) 사랑 이야기, 연애 자랑 이야기

#097 일본어는 변화한다?

変化(へんか)する日本語(にほんご)

《舟(ふね)を編(あ)む》배를 엮다라는 영화를 보신 적이 있나요? 한국에서는 《행복한 사전》이라는 제목으로 상영되었죠. 15년이라는 긴 세월 동안 일본어사전을 만들어 가는 내용의 영화인데요. 언어라는 것은 시간이 지남에 따라 변화해 간다는 사실이 영화 보는 내내 흥미진진했어요.

저도 일본에서 십 년쯤 지내다가 한국으로 돌아왔을 때 신조어가 굉장히 많아진 걸 보고 놀랐어요.

지금의 일본어도 제가 처음에 배웠을 때와는 조금 달라진 표현이 있어요. 예를 들어 **やばい**라는 표현을 예전에는 부정적 뜻으로 썼지만, 요즘에는 '맛있다, 멋있다, 짱이다' 등의 뜻으로 쓰죠. '전혀'라는 의미의 **全然(ぜんぜん)**이라는 표현도 반드시 뒤에 부정문이 따랐지만 요즘에는 긍정문을 쓰기도 해요.

일본어를 얼마나 공부하면 마스터할 수 있나요? 이렇게 질문하시는 분들이 가끔 계시죠. 아시다시피 언어란 끊임없이 변화해 가기 때문에 여기까지 공부하면 끝이다! 라는 정답은 없는 것 같아요. 꾸준히 할 수밖에요. 한국어도 검색하거나 사전을 뒤적여야 하는데, 하물며 외국어에 끝이 있을 리 있나요? 여러분의 공부 목적에 맞춰 한걸음한걸음 앞으로 나아가시길 바라겠습니다. 제가 그 길에 조금이나마 도움이 된다면 더할 나위 없이 기쁘겠고요~

한걸음 더

- **ら抜(ぬ)き言葉(ことば)** 2그룹 동사의 가능형에 접속하는 조동사 **られる**에서 **ら**가 생략된 말
- **言葉(ことば)の乱(みだ)れ** 말의 혼란
- **若者言葉(わかものことば)** 젊은 사람들의 말

- ら抜き言葉は間違いだと言われてきたが、実際使ってみると、ら抜き言葉の方がわかりやすく便利だ。

  ら(라)누키고토바가 잘못된 거라고 하지만, 실제로 ら(라)누키고토바를 쓰는 게 더 알아 듣기 쉽고 편리하다.

- 女の子たちは何を見ても「かわいい」と言う。太ったオッサンを見てもだ。その感覚がオレには理解できない。

  여학생들은 뭘 봐도 '귀엽다!'고 한다. 뚱뚱한 아저씨를 보고도 그렇단다. 난 도저히 그들의 감각을 이해할 수 없다.

娘 お母さん、これ、賞味期限切れてるよ。

母 あら、そう?

娘 もう、食べれないんじゃない?

母 大丈夫だよ。全然食べれるよ。

娘 私、食べないよ。

母 食べたくなかったら、食べなくていいよ。

딸　엄마, 이거 유통기한 지났어요.

엄마　어머, 그래?

딸　이제 못 먹는 거 아녜요?

엄마　괜찮아. 먹어도 아무 문제없어.

딸　난 안 먹을래.

엄마　먹기 싫으면 안 먹어도 돼.

- おっさん 아저씨(중년 남자를 친근하게 부르는 말)　● 賞味期限(しょうみきげん) 유통기한

#098 일본어로 질문할 때는 か만 사용하지 않는다?

日本語で質問する時
にほんご　　　しつもん　　　とき

사람은 혼자만의 힘으로는 살아갈 수 없죠. 모르는 게 있으면 주변 사람에게 물어봐야 할 테고, 상대방을 좀 더 이해하기 위해서도 질문이란 걸 해야 해요.

A **趣味はなんですか？** 취미가 뭔가요?
　　しゅみ

B **趣味か…あ、思い出した。最近はまってるものはですね、**
　　しゅみ　　　　　　　　おも　だ　　　　　　さいきん

パンツを集めることです。
　　　　あつ

취미 말인가요? 아, 생각 났어요. 요즘 들어 푹 빠져 있는 건 바지 수집이에요.

어떠신가요? A의 질문으로 B의 취미를 알 수 있게 됐죠. 질문하지 않았더라면 모를 뻔했는데 말이죠. 질문은 참 중요해요. 하물며 외국어를 공부하는데 질문만큼 중요한 게 또 있을까요? 그런데 일본어로 질문할 때 어떻게 표현하시나요?

お名前はなんですか？ 이름이 뭐죠?
　　なまえ

何歳ですか？ 몇 살인가요?
なんさい

学生ですか？ 학생인가요?
がくせい

どこに住んでいますか？ 어디 살아요?
　　　す

美味しいですか？ 맛있나요?
おい

일본어로 질문할 때 기본적으로는 문장 끝에 か를 넣어요. 하지만 질문할 때마다
이렇게 '~か？'로 말하다 보면 다소 딱딱하게 느껴지죠.
평소 일본 사람들이 질문할 때 많이 쓰는 표현은,

何^{なに}してるの？ 뭐 하고 있어?

今^{いま}どこにいるの？ 지금 어디 있어?

あなた学生^{がくせい}なの？ 너 학생이었어?

それ、好^すきなの？ 그거, 좋아하는 거야?

寒^{さむ}いの？ 추운 거야?

라는 식으로 끝에 の를 넣어 말한다든가, 문장 끝의 억양을 올려서 다음과 같이
질문하기도 해요.

一緒^{いっしょ}に行^いく？ 함께 갈래?

覚^{おぼ}えている？ 기억하고 있어?

学生^{がくせい}？ 학생?

おいしい？ 맛있어?

好^すき？ 좋아해?

일본어의 기본 의문형을 이해하고 난 후에는 일본 사람들이 주로 쓰는 자연스러
운 표현도 연습해 보세요.

- 元々日本語の疑問文は最後に「か」が あれば「？」はいらないが、最近はメールなどをすることが多くなり、「？」が必須となってきた。

  본래 일본어의 의문문은 문장 끝이 か로 끝나면 물음표(?)가 필요 없는데, 요즘에는 이메일 등을 많이 쓰면서 물음표(?)가 필수가 되었다.

- 先生に質問された子供達は、大きな声で「はーい」「はーい」と言いながら手を上げていた。

  선생님이 질문하자 아이들이 큰 소리로 "저요! 저요!"라고 말하며 손을 들었다.

女A お腹空きましたね。

女B そうですね。何か食べます？

女A はい。駅前のイチジクっていうお店、知ってます？

女B いいえ。

女A すごくおいしいんですよ。そこに行ってみます？

女B そうしましょう。

여A 배고프죠.

여B 그렇네요. 뭐 먹을래요?

여A 네. 역 앞에 이치지쿠라는 가게 알아요?

여B 아뇨.

여A 정말 맛있어요. 거기 가 볼래요?

여B 그래요.

- 疑問文(ぎもんぶん) 의문문   ● ？(はてなマーク、クエスチョンマーク) 물음표
- 必須(ひっす) 필수

母 今日、何食べたい？

子 うーん、お肉。

母 何のお肉？

子 牛肉！焼肉がいい。

母 じゃ、今日の夕飯は焼肉にする？

子 うん。焼肉がいい。

엄마 오늘 뭐 먹고 싶어?

아들 음, 고기요.

엄마 무슨 고기?

아들 소고기! 야키니쿠가 좋아요.

엄마 그럼, 오늘 저녁은 야키니쿠로 할까?

아들 네, 야키니쿠 좋아요.

男A もしもし。お昼食べた？

男B うん、食べた。

男A じゃ、どっか遊びに行く？

男B うん。行く。どこ行く？

男A ゲーセン？

男B いいね。じゃ、30分後に会おう。

남A 여보세요. 점심 먹었어?

남B 응. 먹었어.

남A 그럼, 어디 놀러 갈래?

남B 응. 가자. 어디 갈까?

남A 게임장?

남B 좋아. 그럼 30분 후에 보자.

#099 　일본어 조사를 공부할 때 주의해야 할 점!

助詞
じょ　し

한국어와 일본어는 어순이 거의 비슷해서 알고 있는 어휘만 나열해도 쉽게 문장을 만들 수 있어요. 하지만 일본어도 어디까지나 외국어라는 사실을 잊지 마세요.

예를 들어 '버스를 타다'라는 문장을 만들려고 할 때, **バスを乗る**라고 습관처럼 문장을 만드는 분들이 굉장히 많은데요. 단어 하나하나를 보면 다 맞는 말 같지만, 일본어에서는 '버스를 타다'라는 문장을 만들 때 **バスに乗る**라고 해야 하죠. 조사의 사용이 좀 달라요.

일본어는 한국어와 어순이 비슷하고 조사의 사용법도 굉장히 비슷하기 때문에 착각하기 쉬운데요. 일본어에서 '자전거를 타다', '버스를 타다'와 같이 '~을 타다'라는 표현은 ~を乗る가 아니라 ~に乗る라고 해야 정확한 표현이에요.

다른 조사의 예를 들어 볼게요.

いい勉強がなりました。 　좋은 공부가 되었습니다.

バナナをすきです。 　　　바나나를 좋아해요.

이 두 문장도 조사를 쓸 때 한국어와 달라 주의해야 하는데요. 일본어로 맞게 표현하면 다음과 같아요.

いい勉強になりました。 　좋은 공부가 되었습니다.

バナナがすきです。 　　　바나나를 좋아해요.

일본어를 공부할 때 무조건 조사 が는 한국어의 '이, 가', 조사 を는 한국어의 '을, 를'이라고 외우면 통하지 않을 때도 있으니 주의하세요.

● 昨日の夜食べたのが悪かったのか、朝からお腹の調子が悪い。

어젯밤 먹은 게 안 좋았는지 아침부터 속이 안 좋다.

● 東京で一人暮らしを始めて5年経つ。落ち込んだ時には、母に会い

たくなる。

도쿄에서 혼자 산 지 5년이 지났지만, 힘들 때는 엄마 생각이 난다.

● 「母は」をひらがなで書くと「ははは」となるので笑える。

'母は'라는 말은 히라가나로 쓰면 母(はは)와 조사 は가 합쳐져 'ははは(하하하)'가 되니까 재미
있다.

母　夕飯、何が食べたい?

息子　僕はお肉が食べたい。

娘　私は寿司。

母　困ったわね。じゃんけんで決めようか。

娘　じゃんけん、ぽん。わーい、私が勝った。

母　じゃ、回転寿司に決まり。

엄마　저녁, 뭐 먹고 싶어?

아들　저는 고기 먹고 싶어요.

딸　저는 초밥이요.

엄마　이런, 곤란한데. 가위바위보로 정할까?

딸　가위바위보! 와~ 내가 이겼다!!

엄마　그럼, 회전초밥으로 결정!!

● 調子(ちょうし) 상태, 기세 ● 笑(わら)える 자연히 웃어지다, 웃어넘기다 ● じゃんけん 가위바위보

#100 백발백중!?!? 백점만점!?!?

ひゃく
百

……
어느덧 일본이야기가 백 번째가 되었네요. 이번에는 어떤 이야기가 좋을지 고민하다 百^{ひゃく}백에 관련된 표현을 모아 봤어요.

ひゃくえん　　　　　　　　ひゃっきん
百円ショップ、百均 백엔숍

ひゃっぱつひゃくちゅう
百発百中 백발백중

ひゃくてんまんてん
百点満点 백점만점

ひゃくせんひゃくしょう
百戦百勝 백전백승

ひゃくにんひゃくよう
百人百様 백인백양

한걸음 더

- 十人十色(じゅうにんといろ) 십인십색

- 締(し)め切(き)り 마감

- 百均(ひゃっきん)、百円均一(ひゃくえんきんいつ) 백엔 균일

- 百年(ひゃくねん)の恋(こい)も一時(いちじ)に冷(さ)める
  오랫동안의 사랑도 갑자기 식는다, 열중하던 일에 갑자기 흥미를 잃다

- ムカデ、百足(むかで) 지네, 백족, 백개의 다리

- 八百屋(やおや)、百貨店(ひゃっかてん) 백화점

- 百子(ももこ) 모모코(사람 이름)

● 今日の演技は百点満点、サイコーだったよ。

오늘 연기는 백점만점, 최고였어.

● 学生時代、五目並べでは百戦百勝、負けなしだった。

학창시절에 오목 두기에서 백전백승으로 지는 법이 없었다.

男A どうしたんだよ、浮かない顔をして。

男B 彼女のことでちょっと…。

男A 彼女とケンカでもしたのか?

男B そうじゃないんだけど。

実はさ、彼女、鼻を整形していたらしいんだよ。

なんだか幻滅しちゃってさ。

男A なんだ、そんなことで「百年の恋も一時に冷める」なのか?

남A 무슨 일인데 얼굴이 그렇게 심각해?

남B 여자친구 때문에 좀….

남A 여자친구하고 싸우기라도 했어?

남B 그런 건 아니고.

글쎄, 여자친구가 코 성형을 했었나 봐. 왠지 환상이 깨지는 것 같아서 말야.

남A 뭐야, 고작 그걸로 '백년의 사랑도 한 순간에 식는다' 이거야?

● 負(ま)け 짐. 패배 ● 浮(う)かない顔(かお) 우울한 얼굴. 심각한 표정 ● 幻滅(げんめつ) 환멸

#101 한정품이 넘쳐나는 일본!

限定品好きの日本人
げんていひん ず　　　　　　　　に ほんじん

……

일본에서 지내다 보면 **期間限定、季節限定、地域限定**와 같이 **限定**한
き かんげんてい　き せつげんてい　ち いきげんてい　　　　　　　げんてい

정라는 말을 많이 듣게 되죠.

예를 들어 봄이면 스타벅스에서는 벚꽃 관련 계절한정품을 팔기도 하고, 킷캣 초

콜릿이나 인기 캐릭터 헬로 키티는 지역에 따라 한정품 마케팅을 하고 있어요.

심지어 일본의 어떤 레스토랑에서는 **数量限定**수량한정라고 해서 그 날 특정 음식
すうりょうげんてい

을 5인분만 내놓는 식으로 영업을 하기도 해요.

여러분도 정말 좋아하는 브랜드나 관심 있는 분야가 있다면 한번쯤 한정품에 도

전해 보세요. 지나친 소비만 아니라면 일상의 활력소가 된답니다.

한걸음 더

福袋とは、年始の初売りなどで、色々なものを詰めて封をし、販売する
ふくぶくろ　　　ねんし　はつう　　　　　いろいろ　　　　　つ　　ふう　　　はんばい

袋。買う前に中身を見ることはできないが、袋の値段より高価なものが
ふくろ　か　まえ　なかみ　み　　　　　　　　　　ふくろ　ねだん　　こうか

入っている。特に有名デパートのものやブランドものの福袋が人気だ。
はい　　　　　とく　ゆうめい　　　　　　　　　　　　　　　ふくぶくろ　にんき

복주머니는 새해 첫 개점 때 여러 가지 물건을 넣고 봉하여 파는 주머니.
구입하기 전엔 내용물을 볼 수 없지만, 대개 복주머니 가격보다 값비싼 제품이 들어 있다.
특히 유명 백화점 제품이나 브랜드 제품의 복주머니가 인기 있다.

● 初売りの福袋を買うために、朝早くから並んで待った。

새해 첫 판매하는 복주머니를 사려고 아침 일찍부터 줄 서서 기다렸다.

● 日本人は限定品とか限定販売という言葉に弱い。
その言葉を聞くとつい買ってしまう。

일본인은 한정품이라든지 한정판매라는 말에 약하다. 한정품이라는 말만 들어도 충동구매해 버린다.

이런 대화가 오가요

女A ねえ、これいいでしょう!

女B 何、これ。すごくいいじゃん。

女A でしょう!! 福袋に入ってたんだ。
これとこれとこれが入ってて一万円だよ。

女B ラッキーじゃん。いいのが入ってたね～。

女A 朝早くから並んだ甲斐があったよ。

女B 私も買えばよかった。

여A 이거 봐, 괜찮지?

여B 어머, 이거 정말 근사하다!

여A 그치? 복주머니에 들어 있었어. 여기 있는 게 전부 들어 있었는데 만 엔이야.

여B 운이 좋았네. 괜찮은 게 많았구나.

여A 아침 일찍부터 줄 선 보람이 있었어.

여B 나도 살걸.

● 初売(はつう)り 새해 들어 처음으로 하는 장사. 그해 첫 마수걸이

● 封(ふう)をする 봉쇄를 하다

● 甲斐(かい) 보람

日本留学と生活費
にほんりゅうがく せいかつひ

....
유학 생활을 하다 보면 경제적인 문제를 무시할 순 없죠. 학비, 생활비가 만만치 않아요. 제 개인적인 얘기를 하자면, 학비, 생활비 다 부모님 지원 없이 장학금과 아르바이트로 해결하며 유학 생활을 했어요. 낯선 나라에서 절약 또 절약하면서 혼자 힘으로 버틴다는 건 굉장히 힘든 일이었지만 꼭 불가능한 일도 아니라는 걸 아셨으면 해요. 저도 해냈는걸요^^ 그럼, 유학 생활에서 굵직하게 들어가는 비용을 정리해 볼까요.

家賃 방세
やちん

일본 생활에서 경제적으로 가장 부담이 되는 부분이죠. 지인과 함께 넓은 방을 빌려 반씩 부담하며 지내는 것도 방세를 절감하는 방법 중 하나예요.

学費 학비
がくひ

일본어학교나 전문학교, 대학교의 수업료를 말해요.

食費 식비
しょくひ

개인적인 생활 스타일에 따라 지출을 얼마든지 조정할 수 있겠죠. 외식보다는 집밥을! 아르바이트를 구할 땐 식사를 제공하는 곳으로!

交通費 교통비
こうつうひ

학교나 아르바이트, 그리고 여가 시간에 다니는 교통비를 말해요. 아르바이트 가게에 따라서 교통비를 지급하는 곳도 있답니다.

雑費 잡비
ざっぴ

휴대전화 요금이나 전기세, 수도세 등의 기타 비용을 말해요.

- 物価の高い日本での生活は色々お金がかかるので、アルバイトをする留学生が多い。

  물가가 높은 일본에서 생활하려면 이것저것 돈이 들어가므로 아르바이트를 하는 유학생이 많다.

- 留学生にとってアルバイトをするということは、生活費のためでもあるし、日本語の勉強の場所でもある。

  유학생이 아르바이트를 하면 생활비 마련에도 도움이 되지만 일본어 공부의 기회가 되기도 한다.

日本人 韓さん、韓さんは日本での生活大変じゃない?

韓国人 初めは大変だったけど、今はもう慣れたから大丈夫だよ。

日本人 何が一番大変?

韓国人 そうだなあ、まあ、文化の違いがあるけど、それは慣れればいいからね。一番大変なのは、家賃かな。寮に入ってた時はまだよかったけど、今は部屋を借りてるからお金がかかるんだ。

日本人 そっか。家賃は、日本人にとっても大変だよ。

韓国人 そっか、やっぱりみんなそうだよね。

일본인 한상! 한상은 일본 생활 힘들지 않아?

한국인 처음엔 좀 힘들었는데 이젠 익숙해져서 괜찮아.

일본인 가장 힘든 게 뭐야?

한국인 글쎄. 뭐 문화적인 차이가 있긴 해도 그건 적응하면 되는 거고. 가장 힘든 건 집세야. 기숙사에 있을 땐 괜찮았는데, 지금은 월세로 살고 있어서 돈이 들거든.

일본인 그렇지. 집세야 일본 사람들한테도 부담스럽긴 해.

한국인 그래. 역시 다들 힘든 건 마찬가지겠지.

- お金(かね)がかかる 돈이 들다 • 場所(ばしょ) 곳, 자리 • 慣(な)れる 익숙해지다
- 家賃(やちん) 집세 • 寮(りょう) 기숙사

#103 일본어를 공부하게 되는 동기에 관한 이야기!

<ruby>日<rt>に</rt></ruby><ruby>本<rt>ほん</rt></ruby><ruby>語<rt>ご</rt></ruby>を<ruby>勉<rt>べん</rt></ruby><ruby>強<rt>きょう</rt></ruby>するようになったきっかけ

 ⋯⋯⋯
여러분은 어떤 계기로 일본어를 공부하게 되셨나요?

제 일본인 지인 중에 한국어를 공부하고 있는 분들께 똑같은 질문을 드리니, 주로 한국 드라마나 K-POP에 푹 빠져서 시작하게 되었다고 하시더군요.

저도 고백하자면 일본 게임과 배우 **広末涼子**히로스에 료코에 빠져서 일본어 공부를 시작했어요. 그녀의 영화나 드라마로 열심히(?) 일본어 공부를 했었죠. 어찌 보면 히로스에 료코 씨가 제 일본어 실력의 일등공신인 셈이네요.

저처럼 좋아하는 배우의 '덕후'가 되어 일본어 공부를 한다든지, 애니메이션의 특정 캐릭터를 좋아해서 파고든다든지 하면 일본어 실력이 일취월장하겠죠. 특히 애니메이션의 경우 **声優**성우의 연기나 발음을 따라 하다 보면 정확한 일본어 구사까지 확실하게 보장할 수 있어요. 요즘 일본에서 잘나가는 성우는 웬만한 아이돌 저리 가랄 만큼 인기가 있어 노래도 부르고 음반을 내기도 한다고 해요. 저마다 일본어 공부의 계기도 다양하고 공부법도 다양하겠지만, 시작할 때의 열정만큼은 모든 분들이 한결같으시길 바랄게요!

한 걸음 더

- **きっかけ** 계기
- **動機(どうき)** 동기
- **関心(かんしん)を持(も)つ** 관심을 가지다
- **興味(きょうみ)を持(も)つ** 흥미를 가지다

• 私は日本のマンガを原本で読みたくて、日本語の勉強を始めました。

  저는 일본 만화를 원서로 읽고 싶어서 일본어 공부를 시작했어요.

• 子供の頃からアニメなどをよく見ていたので、簡単な日本語はわか
  ります。

  어릴 때부터 일본 애니메이션을 많이 봤기 때문에 간단한 일본어는 알아 들어요.

日本人 韓さんって、日本語、すごく上手ですよね。
      どうやって勉強したんですか?

韓国人 高校の時に学校で少し習いました。

日本人 そうですか。じゃ、それがきっかけなんですね?

韓国人 はい。ただ、子供の時からアニメが好きだったので、元々日本語
      に関心もあったんですよ。

日本人 そうなんですか。

韓国人 興味もあったし、面白かったので一生懸命勉強しました。

일본인　한상은 일본어를 정말 잘하던데, 어떻게 공부했어요?
한국인　고등학교 때 학교에서 좀 배웠어요.
일본인　그래요. 그럼, 그게 일본어를 하게 된 계기였나요?
한국인　그렇죠. 다만 어릴 때부터 애니메이션을 좋아해서 일본어에 관심이 있었어요.
일본인　역시 그랬군요.
한국인　흥미도 있었고, 또 재미있으니까 열심히 공부한 거죠.

• 原本(げんぽん) 원본　　• 上手(じょうず) 능숙함　　• 習(なら)う 배우다

#104 일본인들의 감동적인 축하 메시지 보내기!

お祝いのメッセージ
いわ

.... 여러분은 혹시 **寄せ書き**요세가키라는 말을 들어 보신 적이 있으신가요?
よ が

일본에서는 생일이나 송별회, 졸업식 같은 이벤트 때 어떤 특정 인물에 대해서

여러 사람들이 메시지를 적어서 전해 주는데요. 한국의 롤링 페이퍼 같은 거예

요. **色紙**시키시라는 좀 두꺼운 종이를 이용하는데요. 저도 일본에서 지내면서 많
しき し

이 받아 보기도 써 보기도 했던 것 같네요. 전공이 언어 계열이다 보니 학교나 직

장에서 여성의 비율이 높은 편이었고, 자연스레 요세가키를 주고받을 기회가 많

았죠.

이벤트가 있을 때면 요세가키를 받고 굉장히 기분이 좋았던 기억이 있는데, 거꾸

로 제가 메시지를 쓰는 입장일 때는 살짝 힘들었던 것도 같네요. 아무튼 이런저

런 이유를 떠나 막상 나를 아는 사람들이 정성껏 손글씨로 써 준 메시지 카드를

받게 되면 일단 감동(!)부터 밀려온답니다. 요즘 주고받는 휴대전화 메시지나 이

메일과는 비교할 수도 없을 만큼요~.

한 걸음 더

● **色紙(しきし)** 사인이나 롤링 페이퍼용 색종이(27.3x24.2)

● **色紙(いろがみ)** 종이접기용 색종이

● **折(お)り紙(がみ)** 종이접기용 색종이, 종이접기
- **色紙ある？**、**折り紙ある？** 색종이 있어?
いろがみ   お   がみ
- **折り紙する？** 종이접기 할래?
お   がみ
＊**色紙(いろがみ)する？**라고는 말하지 않는다.

- 退社する友人に、みんなでプレゼントと一緒に色紙に寄せ書きを書いて贈ったらとても喜んでくれた。

  퇴사하는 친구에게 선물과 함께 모두가 쓴 롤링 페이퍼를 선물했더니 굉장히 기뻐했다.

- 昔から卒業シーズンになると、みんなでサイン帳にメッセージを書いて送りあったものだ。

  옛날부터 졸업 시즌이 되면 다들 사인북에 메시지를 적어 서로 선물하곤 했다.

女A ねえねえ、山田さん、おめでたですって。それで、会社辞めるそうなんですよ。みんなでお祝いしようと思うんですけど、どうですか?

女B 私、賛成です。

女C 私も。

女A じゃ、決まりですね。プレゼント代は一人千円ずつでいいですか? それから、寄せ書きも一緒に書いて送りませんか?

女B、C はい。

여 A 야마다 씨가 임신해서 회사 그만둔다고 하네요. 다들 축하해 주려고 하는데 어떠세요?

여 B 저는 찬성이에요.

여 C 저도요.

여 A 그럼, 결정된 거예요. 선물 값은 한 사람당 천 엔씩 괜찮으시겠어요? 그리고 롤링 페이퍼도 다 같이 써서 선물할까요?

여 B, C 네, 좋아요.

- 退社(たいしゃ)する 퇴사하다 • 贈(おく)る 보내다, 선사하다
- おめでた (결혼, 임신, 출산 등의) 경사

#105   일본어 한자, 음독과 훈독!

漢字
かん じ

일본어를 공부할 때 가장 어려운 부분이 바로 한자라는 말씀들을 많이 하세요. 특히 같은 한자인데도 읽는 법이 달라지는 음독과 훈독, 이것 때문에 좌절하시곤 하죠. 음독은 소리로 읽기, 훈독은 뜻으로 읽기를 말하는데요. 얼른 이해하기 힘들 수도 있을 거예요.

예를 들어, 食이라는 한자를 읽어 볼까요.

한국에서는 ①먹을 ②식이라고 읽죠. ①먹을, 먹다는 곧 한자의 뜻이고, ②식은 이 한자의 음(소리)을 나타내요.

이를테면 식사(食事), 식당(食堂), 식욕(食欲), 이런 식으로 읽는 것은 음독이에요. 일본어에서는 食(식)이라는 한자를 음독한다면 **しょく** 쇼쿠라고 해요. 즉, **食事** 쇼쿠지, **食堂** 쇼쿠도우, **食欲** 쇼쿠요쿠라고 읽는 거죠.

앞서 얘기했듯이 食(식)이라는 한자는 한국에서 '먹을 식'이라고 읽어요. '먹을'과 '먹다'가 한자의 뜻이죠. 이 글자를 일본어에서는 食べる라고 쓰고 **たべる** 타베루라고 읽죠.

여기까지 말씀드리면 食이라는 한자는 음독은 しょく, 훈독은 た라고 읽으면 되나요? 라고 질문하실 수도 있는데요. 같은 한자라도 음독이나 훈독이 여러 가지 있을 때도 있어요.

예를 들어, 断食라고 할 때는 しょく가 아니라 **だんじき** 단지키라고 해요. 그리고 食べる와 같은 뜻인 食う는 한자는 같더라도 **た** 타라고 읽지 않고 **くう** 쿠우라고 읽어요.

같은 한자인데 음독이나 훈독이 하나 이상이라고 하면 언제 다 공부할지 막연하게 생각하실 수도 있는데요. 자꾸 접하다 보면 어느 정도 규칙이 보일 거예요.

좀 더 자세히 들어가 보면, 한자의 '식'이라는 글자는 '食'만 있는 게 아니죠. 식물, 번식, 장식 같은 말에도 '식'이라는 한자가 쓰여요. 따라서 한자와 일본식 소리를 보면,

植物(しょくぶつ) 식물

繁殖(はんしょく) 번식

装飾(そうしょく) 장식

한자는 다른데 모두 しょく라고 읽는다는 사실을 알 수 있어요. 이렇듯 일본어 음독에서 한국어로 발음이 같다면 일본어에서도 소리가 같은 경우가 있어요. 그래서 같은 한자문화권인 한국인들이 일본어를 좀 더 수월하게 배울 수 있는 거죠.

다음으로 훈독에 대해 알아볼까요.

예를 들어 '가다'라는 뜻의 '行く'는 **いく**이쿠라고 읽어요. 그런데 같은 한자를 쓰는 '行う'라는 단어가 또 있어요. 行く를 いく라고 읽었으니 行う도 いう라고 읽는 건 아닐까요? 아뇨. 이건 **おこなう**오코나우라고 읽어요. 이처럼 같은 한자인데 다르게 읽는 경우가 있어요.

그렇다면 이런 식으로 한자는 같지만 훈독에서 다르게 읽을 때는 어떻게 할까요? 이때는 한자 뒤에 오는 오쿠리가나를 보고 판단하면 돼요.

行く와 같이 뒤에 く가 오면 いく라고 읽고, 行う와 같이 뒤에 う가 오면 おこなう라고 읽는 거죠. 그러려면 일본어를 공부할 때 한자 뒤에 오는 오쿠리가나까지 기억하고 있어야겠죠.

정리하자면, 行く라는 단어가 나오면 いく라고 읽고 '가다'로 해석하면 되고, 行う라는 단어가 나오면 おこなう라고 읽고 '행하다. 취급하다. 시행하다'로 해석하면 돼요. 너무 어렵다고 느끼시는 건 아니죠? 조급해 하지 마시고 차근차근 한자가 나올 때마다 공부해 보세요.

● 門、問、聞は韓国語では、みんな「ムン」だが、日本では、門と問は「モン」だけど、聞は「ブン」となる。

門, 問, 聞은 한국어로는 모두 '문'이라고 발음하지만, 일본에서는 門과 問은 モン(몬)이고, 聞은 ブン(분)으로 발음한다.

● 「行く」と「行う」だが、「行った」の場合、「いった」と読むか「おこなった」と読むかは前後の文脈から判断して読み分ける。

行く(이쿠)와 行う(오코나우)에서 과거형 行った의 경우, いった(잇타)라고 읽는지 おこなった(오코낫타)라고 읽는지는 앞뒤 문맥을 봐서 구별한다.

韓国人 「行く」この漢字なんですが、「いく」ですよね?

日本人 はい。そうですよ。

韓国人 じゃ、「行方不明」これは、「いくえふめい」ですか?

日本人 あ～。その時は「ゆくえふめい」ってなりますよ。

韓国人 そうですか。読み方が色々あって難しいですね。

日本人 そうですね。「行き先」この時は「いきさき」でも「ゆきさき」でもいいんですよ。

한국인 이 한자 行く 말인데요, いく(이쿠)라고 읽죠?
일본인 네, 맞아요.
한국인 그럼 이거 行方不明는 いくえふめい(이쿠에후메ー)인가요?
일본인 아녜요. 그땐 ゆくえふめい(유쿠에후메ー)라고 해요.
한국인 그렇군요. 읽는 법이 여러 가지라 어렵네요.
일본인 그러게 말예요. 行き先는요, いきさき(이키사키), ゆきさき(유키사키) 둘 다 괜찮아요.

日本人　「あつい」は韓国語の「덥다, 뜨겁다, 두껍다」の意味があるんだよ。

韓国人　へぇ～。そんなに？

日本人　ひらがなだと同じだけど、漢字が違うんだよ。
　　　　この暑いは「夏は暑い」の暑い、
　　　　この熱いは「この鍋は熱い」の熱い、
　　　　この厚いは「厚い辞書」などの厚いだよ。

韓国人　なるほど。そうか、わかった。漢字で区別するんだな～。

일본인　아츠이는 한국어로 하면 덥다, 뜨겁다, 두껍다의 의미가 있어.
한국인　어머나～ 그렇게나 많이?
일본인　히라가나로는 같은데, 한자가 다르거든.
　　　　이 暑い는 '여름은 덥다'의 暑い,
　　　　이 熱い는 '이 전골은 뜨겁다'의 熱い,
　　　　이 厚い는 '두꺼운 사전' 등의 厚い야.
한국인　아. 그렇구나. 알았다. 한자로 구별하면 되는 거네.

- 門：扉(とびら)の門(もん) 문의 門
- 問：質問(しつもん)の問(もん) 질문의 問
- 聞：聞(しんぶん)の聞(ぶん) 신문의 聞

- 行(い)く、行(ゆ)く 가다
- 行(おこな)う 행하다
- 行方不明(ゆくえふめい) 행방불명
- 行(い)き先(さき)、行(ゆ)き先(さき) 행선지

#106 큰 목표보다도 자신과의 약속부터 지키자!

自分との約束を守ろう

じ ぶん　　　やくそく　　　まも

　　　일본 유학이나 취업에 대해 질문하시는 분들이 많은데요. 막상 이야기를 나눠 보면 막연한 생각만 갖고 계시는 경우가 많아요. 다들 일본어를 잘하고 싶다는 마음은 굴뚝 같은데 상급자가 되기 위한 구체적인 계획보다는 그냥 일본어를 잘했으면 좋겠다… 이런 생각에 머물러 계시더라고요.

예를 들어, 일본어능력시험 1급을 따고 싶다면 단순히 생각만 하고 있을 게 아니라 눈앞의 과제를 하나하나 해 나가는 게 중요해요. 1급 합격이라는 큰 목표에만 매달리지 말고 하루하루 실천할 수 있는 작은 목표를 정해 보세요. '매일 아침 일본어 단어 10개씩 외우기'라고 목표를 정했는데 작심삼일이었다고요? 오늘 못 하면 내일부터 하면 되겠지, 하고 자꾸 미루셨나요? 그래도 끝까지 포기하지 말고 이어 가세요. 분명 작은 목표를 이룬 하루하루가 쌓여 여러분에게 좋은 결과를 가져다줄 거예요. 작은 목표를 포기하는 순간 1급 합격의 꿈도 사라진답니다.

그간 상담을 요청하신 분들 대부분은 일본 유학이나 취업에는 관심이 많다고 하셨는데, 구체적인 목표는 세워 놓지 않으셨어요. 오늘은 일이 바빠서요, 이번 주에는 몸이 안 좋았어요, 여태 못한 걸 보완하면서 최선을 다해야죠, 라고 늘 구체적인 실천보다 변명 비슷한 걸 늘어놓으시죠. 이유를 불문하고 변명을 하기 시작하면 끝이 없어요. 결과, 당연히 좋을 리가 없겠죠. 안 되는 이유부터 생각하기 전에 어떻게 하면 자기 자신의 큰 목표를 이룰 수 있을지 구체적인 방법부터 생각해 보세요.

- 成功するためには、自分との約束を守らなければならない。

  성공하기 위해서는 자기 자신과의 약속을 지켜야 한다.

- 逃げ道を作っているようじゃ、目標を達成できないよ。

  퇴로를 만들고 있다면야 목표를 이룰 순 없지.

이런 대화가 오가요

女 ねえ、健也、尊敬している人いる？

男 俺、イチロー選手、尊敬してるんだ。

女 大リーグで活躍しているイチロー？ へぇ〜、どうして？

男 イチロー語録の中に「夢を掴むことというのは一気にはできません。小さなことを積み重ねることで、いつの日か信じられないような力を出せるようになっていきます」というのがあるんだけど、この言葉が気に入ってて。

女 そうなんだ。いい言葉ね。

男 だろう。だから俺も小さなことを積み上げていって、絶対成功しようと思ってさ。

여 겐야, 너는 존경하는 사람이 누구야?

남 난 이치로 선수를 존경해.

여 메이저 리그에서 활약하고 있는 이치로 선수? 아니, 왜?

남 이치로 어록 중에 '꿈을 단번에 이룰 순 없어요. 작은 일들이 차곡차곡 쌓여서 언젠가는 놀라운 힘을 발휘할 수 있는 거죠.'라는 말이 있는데, 이 말이 맘에 들어 존경하게 됐어.

여 그런 이유였구나. 좋은 말이네.

남 그치? 그래서 나도 이제부터 작은 일을 해내면서 꼭 성공하고야 말겠어!!

- 逃(に)げ道(みち) 도망갈 길 ● 大(だい)リーグ 메이저 리그 ● 掴(つか)む 손에 꽉 쥐다, 손에 넣다
- 積(つ)み重(かさ)ねる 겹겹이 쌓다 ● 積(つ)み上(あ)げる 쌓아 올리다

#107 아이스크림의 종류와 먹는 순서!

アイスクリームの種類^{しゅ るい}

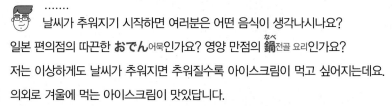

날씨가 추워지기 시작하면 여러분은 어떤 음식이 생각나시나요?
일본 편의점의 따끈한 **おでん**어묵인가요? 영양 만점의 **鍋**전골 요리인가요?
저는 이상하게도 날씨가 추워지면 추워질수록 아이스크림이 먹고 싶어지는데요.
의외로 겨울에 먹는 아이스크림이 맛있답니다.

아이스크림 얘기가 나왔으니 일본의 아이스크림 종류를 알아볼까요. 우리는 다
뭉뚱그려서 아이스크림이라고 하는데, 일본에서는 유고형분과 유지방의 양으로
아이스크림을 구분해요.

	乳固形分(유고형분)	乳脂肪分(유지방분)
アイスクリーム(일본)	15.0% 이상	8.0% 이상
아이스크림(한국)	16.0% 이상	6.0% 이상
アイスミルク(일본)	10.0% 이상	3.0% 이상
아이스밀크(한국)	16.0% 이상	2.0% 이상
ラクトアイス(일본)	3.0% 이상	없음
셔벗(한국)	무지유고형분 2.0% 이상	없음
氷菓(빙과)	유제품이 들어가지 않은 제품	

간단히 말하면 유제품의 함량에 따라 맛이 달라지죠. 일본 여행 중에 아이스크림
을 고를 일이 있다면 이런 순서로 골라 보세요.

アイスクリーム 아이스크림 〉 **アイスミルク** 아이스밀크 〉 **ラクトアイス** 락토 아이스

- アイスクリームを食べすぎると、お腹を壊すわよ。

  아이스크림을 너무 많이 먹으면 배탈 나.

- 乳脂肪分の高いアイスクリームは、肥満の原因となる。

  유지방 함량이 높은 아이스크림은 비만의 원인이 된다.

이런 대화가 오가요

女 ねえ、アイスクリーム食べない？

男 えっ、アイスクリーム？ なんでこんな寒い日に。

女 甘いのが食べたくなったの。ねえ、買って買って。

男 わかったから、そんなにせかすなよ。

　　　＜お店で＞

男 どのアイスクリームがいい？ お、これがいいんじゃないか？

女 これはアイスクリームじゃなくてアイスミルクよ。
　 ほら、乳脂肪8.0％以下でしょ。

男 えっ、そんな区別があったんだ。知らなかったよ。

여 아이스크림 먹을래?

남 뭐, 아이스크림? 이렇게 추운 날?

여 달콤한 게 먹고 싶단 말야. 좀, 사 줘, 사 주라.

남 알았으니까 그렇게 조르지 좀 마.

　〈아이스크림 가게에서〉

남 어떤 아이스크림이 좋아? 오, 이게 좋을 거 같은데?

여 이건 아이스크림이 아니고 아이스밀크야. 이거 봐, 유지방이 8.0퍼센트 이하잖아.

남 아, 그렇게 구분하는 거야? 몰랐어.

- 壊(こわ)す 고장내다, 파괴하다　● 含(ふく)む 포함하다, 함유하다
- ラクトアイス 락토 아이스, 유고형분 3.0% 이상의 아이스크림　● せかす 재촉하다

#108 한국과 다른 일본의 교통법규!

日本の交通規則
にほん こうつうきそく

일본에서 렌터카를 빌려 여행하는 분들도 많으실 텐데요, 자동차 운전 시 기본적인 교통법규에 대해 살펴볼까요. 차량 진행 방향이 한국과 반대인 점은 조금만 주의를 기울이면 금방 익숙해지니 너무 염려하지 마세요. 그보다는 한국과는 다른 교통법규에 신경을 써야겠죠!

일본의 도로에서는 직진과 좌회전 겸용 차로일 때 좌회전하려면 직진 신호일 때만 진행할 수 있어요. 또, 도로에 止まれ멈춤라는 일시정지 표시가 눈에 많이 띌 거예요. 특히 골목길 같은 신호 없는 곳에서 많이 찾아볼 수 있는데요, 이 표시가 있다면 반드시 완전히 정지하셔서 3초쯤 기다렸다가 좌우 확인 후 출발해야 해요. 적당히 속도만 줄였다가 출발해도 교통법규 위반이랍니다. 일본 곳곳에서 볼 수 있는 踏切철길건널목에서도 마찬가지예요. 일시정지 표시가 없더라도 철길건널목을 건너기 전에는 앞차와 상관없이 일단 정지했다가 출발하세요.

끝으로 주정차 주의사항인데요. 일본의 지방을 여행하는 경우라면 주차 공간이 넉넉해서 상관없지만 도쿄와 같은 대도시에는 주차 공간이 따로 없는 곳이 많아요. 잠깐인데 뭐 어때, 하고 아무데나 주차하면 주차비보다 더 큰 비용을 지불하시게 될 거예요. 잠깐이더라도 반드시 **コインパーキング**코인 주차장 같은 곳에 안전하게 주차하세요. 이렇듯 한국과는 다른 부분들을 미리미리 알아 두어야 엉뚱한 데서 불필요한 지출이 생기지 않겠죠. 그럼, 안전하고 즐거운 여행이 되시길!

● 日本では車は左、人は右側通行だから間違えないでね。

일본에서는 차는 왼쪽, 사람은 오른쪽 통행이니까 착각하면 안 돼.

● どんな小さな事故でも必ず警察に届けよう。

아무리 작은 사고라도 반드시 경찰에게 알려야 해.

● 日本では車を買うときに車庫証明が必要なのよ。

일본에서는 차를 살 때 차고 증명이 필요해.

日本人　あ、危ない。(ガチャン!!)

韓国人　電信柱に車、ぶつけちゃった。どうしよう。

日本人　大丈夫だよ。ちょっと傷ついただけだから。

　　　　まず、警察に電話して。

韓国人　ちょっとぶつけただけなのに警察に連絡するの?

日本人　当然だよ。警察に事故証明を書いてもらわないと、保険が利か

　　　　ないよ。

韓国人　えっ、そうなんだ。初めて聞いたよ、そんな話。

일본인　앗, 위험해! (쿵!!)

한국인　차가 전봇대에 부딪쳤어. 어떡하지?

일본인　괜찮아. 살짝 긁히기만 했으니까. 우선 경찰에 신고부터 하자.

한국인　좀 부딪친 것뿐인데 경찰에 연락해야 해?

일본인　당연하지. 경찰에게 사고 증명을 받아야 보험 적용이 돼.

한국인　아, 그래? 그런 얘긴 처음이야.

● 間違(まちが)える 실수하다, 착각하다

● ぶつける 부딪다　● 保険(ほけん)が利(き)く 보험의 혜택을 받다

#109 일본에서 생활하기 위해 필요한 비자!

日本で暮らすためのビザ

많은 분들이 제게 말씀하세요. 일본에서 한 번 살아보고 싶어요, 일본에서 아르바이트 하면서 구직활동을 할까 하는데요, 라고요. 하지만 아무 때고 일본에 가서 살거나 아르바이트를 할 순 없겠죠. 비자도 필요하고요.

유학비자

일본에서 어학교, 전문학교, 대학교를 다니며 학생 신분으로 생활할 수 있는 비자예요. 기본적으로 유학비자를 받은 학생은 일본에서 공부를 하는 게 목적이므로 다른 활동을 해서는 안 됩니다. 아르바이트를 하려면 자격외활동허가서가 필요해요.

취업비자

일본에서 취직해서 일을 하기 위한 비자예요. 간혹 취업비자를 받은 후에 일본에서 구직활동을 한다고 착각하는 분이 계시는데요. 취업비자는 일본 회사에 취직이 되었을 때 발급받는 비자예요.

가족비자, 배우자비자

배우자가 일본에 살고 있거나 살게 되어서 그와 관련된 가족이 받는 비자, 그리고 일본인과 결혼을 했을 때 받게 되는 비자예요.

영주권

말 그대로 일본에서 계속 살 수 있는 자격을 받게 되는 걸 말해요. 예를 들어 일본 회사에 다니며 특별히 문제없이 생활하며 세금 등을 꼬박꼬박 내고 있다면 영주권을 신청할 수 있어요. (일본에 취업이 되었다고 바로 신청할 수 있는 것이 아니라 장기체재를 하고 있어야 영주권을 신청할 수 있어요.) 혹은 일본인 배우자와 결혼해서 살고 있을 때 배우자비자로 만 3년 이상 일본에서 살게 되었을 때 영주권을 신청할 자격이 주어진다고 해요.

・ 観光はノービザで大丈夫だけど、住もうと思ったらビザが必要だよ。

관광이라면 무비자로도 괜찮지만, 아예 살 생각이라면 비자가 필요해.

・ 不法滞在がばれたら、国外追放になっちゃうよ。

불법체류가 들통나면 국외 추방이야.

・ ワーキングホリデーを使えば、1年間日本で仕事ができるけどね。

워킹홀리데이를 신청하면 일 년간 일본에서 일을 할 수 있는데 말야.

日本人　韓さんってビザ持ってるの？

韓国人　当然持ってるよ。なかったら不法滞在だよ。

日本人　でも、韓国に行くのにビザいらないじゃん。

韓国人　そりゃ観光に行くだけならいらないよ。

日本人　あ、そうか。韓さんは何ビザなの？

韓国人　僕は今、留学ビザだけど、来月会社に入社するから、そしたら就業ビザになるよ。

일본인　한상은 비자 있어?

한국인　당연히 있지. 비자 없으면 불법체류라고.

일본인　그치만 한국 갈 때 비자 필요 없잖아.

한국인　그야 관광이면 필요 없지.

일본인　아, 그렇구나. 한상은 무슨 비자야?

한국인　지금은 유학비자인데 다음 달에 입사하게 되면 취업비자로 바뀌지.

・ ばれる 들키다 ・ ワーキングホリデー 워킹홀리데이 ・ 要(い)る 필요하다

#110 일본의 호칭!

呼び名

한국에서는 나이가 한 살 차이만 나도 위아래가 엄격하죠. 하지만 일본에서는 나이를 떠나 친한 사이에서는 말을 놓기도 해요. 상대방을 부르는 일반적인 호칭도 이름보다는 성을 부르는 경우가 많아요. 일본은 성씨가 굉장히 많아 학교나 직장에서 같은 성씨가 별로 없기 때문이죠.

그래서 일본 사람들에게 이름을 물으면 저는 佐藤사토입니다, 저는 鈴木스즈키입니다, 라고 성만을 얘기하는 게 일반적이에요.

일본에서는 상대방을 성으로 부르는지, 이름으로 부르는지에 따라 친밀한 정도를 알 수 있어요. 그러니 일본에서는 친밀한 사이가 아닌 상대의 이름을 부르면 실례일 수도 있다는 거 잊지 마세요.

만약 일본인들이 서로 성이 아닌 이름으로 부르고 있다면 가족이나 연인이나 친구처럼 친밀한 사이일 가능성이 높겠지만, 예외의 경우도 있어요. 친한 사이여도 이름보다 성으로 부르는 게 편해서 성으로만 부를 수도 있겠죠. 학교나 직장에서 같은 성씨가 있다면 서로 구분하려고 성과 이름을 부르거나, 아예 성 말고 이름만으로 부르죠.

또, 이름보다 더 친숙한 표시로 あだ名별명로 부르거나 이름을 줄인 애칭으로 부를 때가 있어요. 예를 들어, あきこ아키코라는 이름이면 あっちゃん앗짱이라고 부르는 거죠.

아마 일본의 애니메이션이나 드라마, 영화 등에서 많이 보셨을 거예요. 호칭만 들어도 등장인물 사이의 관계를 짐작할 수 있는데요. 심지어 사랑 이야기를 다룬 작품에서는 남녀 주인공들의 관계가 어떻게 변화하는지 호칭으로 알 수 있을 정도니까요. 이런 내막을 모른 채 단순히 번역된 한국어 자막에만 의지해선 깨알 같은 재미를 놓칠 수도 있답니다.

- 会社では名字にさん付けが基本です。

  회사에서는 성씨에 さん(씨)을 붙이는 게 기본이에요.

- いくら先輩でも、呼び捨てはひどいですよ。

  아무리 선배라고 해도 이름을 막 부르는 건 너무해요.

- いつから名字じゃなくて、名前で呼び合う仲になったんだ？

  언제부터 성이 아니라 이름으로 부르는 사이가 됐어?

이런 대화가 오가요

後輩 佐藤さん、この本、お借りしてもいいですか？

先輩 なんだよ、「佐藤さん」なんてよそよそしい。普段通りに呼べよ。

後輩 いいえ、佐藤さんは先輩ですから、ちゃんとけじめをつけないと。

先輩 だからいいって、普段通りで。誰かに何か言われたのか？

後輩 実は、昨日、河合先輩に呼び出されて、「いくら親しくても先輩後輩

　　 のけじめをつけなさい」って言われたんです。

先輩 河合の奴、やきもち焼いているのか？

　　 いいよ、気にしないで。後で俺から言っとくから。

후배 사토 씨, 이 책 빌려도 될까요?

선배 사토 씨가 뭐야, 거리감 느껴지잖아. 그냥 평소처럼 불러.

후배 아녜요. 사토 씨는 선배님이시니까 호칭을 명확하게 해야죠.

선배 그러니까 평소처럼 부르는 게 좋다니까. 누가 뭐라고 그래?

후배 실은 어제 가와이 선배한테 불려 갔는데요, 아무리 친해도 선배, 후배는 구분해야지 하셨거든요.

선배 가와이 이 녀석, 질투하는 거 아냐? 괜찮아, 신경 쓸 거 없어. 나중에 내가 말해 둘게.

- 呼(よ)び捨(す)て 경칭을 붙이지 않고 성명을 막 부름　　- よそよそしい 서먹서먹하다, 데면데면하다

- けじめをつく 구분을 짓다

유튜브 호민상의 일본이야기

1판 1쇄 인쇄 2018년 6월 13일
1판 1쇄 발행 2018년 6월 18일

지은이 박호민
감수 오쿠무라 유지
펴낸이 임형경
펴낸곳 라즈베리
마케팅 김민석
편집 장원희, 쿠라모토 타에코
디자인 제이로드
등록 제210-92-25559호
주소 (우 01364) 서울 도봉구 해등로 286-5, 101-905
대표전화 02-955-2165
팩스 0504-088-9913
홈페이지 www.raspberrybooks.co.kr
블로그 http://blog.naver.com/donmo72

ISBN 979-11-87152-17-0 (13730)